동남아 한달 살기

동남아 한 달 살기

코타키나발루, 다낭, 발리, 방콕, 베트남,
세부, 쿠알라룸푸르, 파타야 한 달 살기

천시내 지음

억대 연봉자에서 장기 여행자가 되기까지

회사에 출근해 쌓여 있는 업무를 처리하면서도 언젠가부터 틈틈이 달력을 넘기며 날짜를 헤아려 보는 내 모습을 발견했다. 다음 여행은 어디로 갈까? 언제 연차를 쓰고 어디로 여행을 가야 이 메마르고 팍팍한 일상에 단비 같은 힐링을 할 수 있을까? 여행 가는 횟수가 잦아지고 어느 순간 한 달에 한 번꼴로 여행을 가면서도, 이상하게 여행에 대한 갈증은 좀처럼 줄어들지 않았다.

생각해 보면 어느 순간부터 일과 회사에 권태감을 느꼈던 것 같다. 10년 동안 대기업에 다니면서 남부럽지 않은 연봉을 받고 안정적인 삶을 누리고 있었지만, 이렇게 반복되는 하루하루가 쌓여 앞으로의 20년, 30년이 된다고 생각하니 어쩐지 중요한 것을 놓치는 듯한 기분이 들었다. 무엇보다 정신적으로 지친 상태이기도 했다. 회사 동료들과 협력하는 동시에 업무 평가에서 뒤처지지 않기 위한 끝없는 경쟁, 매일 쫓기듯이 경주마처럼 앞만 보고 달려가는 것에 대한 회의감, 그러면서도 그런 나에게 확신이 없어 벼랑 끝에 서 있는 것 같은 불안감 등이 뒤섞여 찾아왔다. 그러던 중 개인적인 사정으로 무급 휴직을 받아서 9개월 가까이 회사를 쉬게 되었다.

그때 처음으로 혼자서 발리 한 달 살기를 가게 되었다. 사촌 오빠가 10년째 발리에서 여행사를 하고 있어 특별한 준비나 계획 없이 쉽게 갈 수 있어 선택한 곳이었다. 처음에는 그냥 회사를 나가지 않아도 된다는 것만으로도 너무 좋았다. 알람을 맞추지 않고 눈이 떠질 때 아침을 시작할 수 있다는 것이 소소하지만 더없이 큰 행복이었다. 그렇게 한 달 동안 호텔에 머물다 보니 비로소 다른 사람들의 얼굴이 눈에 들어오기 시작했다. 조식을 먹으면서 옆 테이블의 낯선 여행자에게 가벼운 인사를 건네는 여유를 가진 사람들. 그들을 보니 나 역시 오래도록 경직되어 있던 마음이 조금씩 무방비하게 녹아내렸다.

한 달 동안 같은 호텔에 머물렀더니 네덜란드에서 여행을 왔다는 네 명의 동갑내기 친구들과 자연스럽게 얼굴을 익히고 친해지게 되었다. 같이 발리를 이곳저곳 둘러보면서 이런저런 이야기를 나눴는데, 나에게는 대단한 문화 충격이었다. 나는 정말 큰 결심을 하고 휴가를 내서 이곳에 올 수 있었는데 그들에게는 한 달 정도 여행을 가는 게 너무 일상적이고 당연한 일이었다. 기본적으로 주 4일 근무를 하는데다가 일자리가 많아서 직장을 옮기는 것도 어렵지 않다는 것이다. 똑같은 세상에 사는데 누군가는 언제든 여유로운 일정으로 쉴 수 있는 생활이 가능하다는 것이 놀라웠다. 나는 왜 그들처럼 행복하게 살 수 없을까? 일에 치여 살지 않아도 되는구나. 많은 생각이 머리를 스쳤다. 30대는 내 인생에서 가장 중요하고 빛나는 시기였다. 고민한 끝에, 내 인생의 황금기를 회사에서 흘려보내기 아깝다는 확신이 들었다.

결국 휴직이 끝난 뒤 회사 생활을 완전히 청산하고 본격적으로 여행을 다니기 시작했다. 남들처럼 알차게 배낭 여행을 가도 좋겠지만 체력이 너무 떨어져 있어서 오히려 한 나라를 장기 여행하는 것이 나에게 잘 맞았다. 어떤 장소에 '가 보는' 것과 그곳에 '살아 보는' 것은 정말 달랐다. 그저 어느 도시를 하루 이틀 거쳐 갔다고 해서 내가 정말 그 도시에 '가 봤다'고 할 수 있을까? 어떨 땐 한 달을 머물러도 그 나라를 다 둘러보지 못해 아쉬움이 남았다. 그렇게 동남아부터 터키, 이집트, 남미 등 세계 곳곳을 돌아다니며 '한 달 살기'를 시작했다. 많은 나라를 돌아다녔지만 나처럼 현생에 지쳐 있는 우리나라 사람들이 가장 여유롭게 한 달 살기를 만끽할 수 있는 곳은 다름 아닌 동남아라는 생각이 들었다.

가장 큰 이유라면 일단 현실적인 비용이다. 단순히 비용을 절대값으로 따져서라기보다, 쓰는 돈에 비해 만족도가 높기 때문이다. 같은 호텔을 간다고 해도 방콕은 1박에 10만 원인데, 유럽으로 가면 1박에 60만 원인 경우가 있다. 물론 그곳 나름의 정취가 있지만 장기로 머물기에는 나 같은 일반인들에겐 아무래도 부담이 되는 비용이다. 또 숙소만 잡으면 되는 것이 아니라 여행지에서 먹고, 보고, 활동하며 즐기는 것까지 생각하면 더욱 어렵다.

뿐만 아니라 내가 동남아에 길게 머무는 것을 좋아하는 또 다른 이유는 바로 사람 때문이다. 예전에는 미국과 유럽으로도 자주 출장을 다녔는데 심지어 좋은 호텔 직원들에게도 종종 인종차별을 겪었다. 반면 태국이나 베트남에 가면 사람들을 접할 때 완전히 다른 경험을 하게 된다. 특히 최근 베트남에 갔을 때는 코로나19로 하늘길이 막혔다가 오랜만에 관광객이 들어오니 다들 너무나 친절하게 반겨 주었다. 물론 그들에게는 손님이기 때문이기도 하겠지만, 그래도 여행지에서 사람들에게 배려와 환대를 받는 경험은 언제나 기분 좋은 추억을 남겨 준다.

그곳이 좋아서 오래 머물다 보니 자연히 그 나라를 가장 알차게 즐길 수 있는 꿀팁이 생겼고, 여행을 블로그에 기록하면서 어느새 약 3만 명의 이웃들이 내 글을 읽어 주게 되었다. 여행 인플루언서로 활동하며 꾸준히, 그리고 열심히 하다 보니 수입도 점차 안정되었다. 하지만 회사는 전쟁터고 밖은 지옥이라던가? 세상에 쉬운 일은 없었다. 여행을 다닌 지 1년 만에 코로나가 터질 게 뭐람. 여행 업계에 최대 불황기가 찾아왔지만, 그럼에도 회사를 그만둔 것을 한 번도 후회한 적이 없다. 회사를 다닐 때 이미 나는 벼랑 끝에서 견디고 있다고 생각했다. 누군가 툭 하고 건드리기만 해도 바로 추락할 것 같은 아슬아슬한 기분으로 지내고 있었던 것이다. 오히려 부지런히 다녔던 여행의 기록과 추억들이 여전히 나를 지탱해 주고, 또 다음 여행을 꿈꾸게 했다. 억대 연봉을 포기하고 여행자가 되었지만 이는 나로 하여금 일상을 포기하지 않고 그 안에서 행복을 찾고 누리게 만들어 준 소중한 결심이었다.

다행히 전 세계가 코로나19로부터 조금씩 회복되고 있다. 관광객이 적어지고 호텔 숙박비가 낮아진 지금이 오히려 해외 한 달 살기를 하기에 가장 좋은 시기라고 볼 수도 있다. 여유로운 기간 동안 당장 해야 하는 일 없이 푸른 하늘과 바다를 눈에 담고 하루하루를 보내는 건 살면서 꼭 한 번쯤 해 볼 만한 경험이다. 내가 추천하는 한 달 살기에는 여행 기간 내내 일정을 빠듯하게 정해서 아무것도 놓치지 않고 모든 관광지에 발을 디디고 오겠다는 야심찬 다짐은 없다. 대신 놓치지 않고 꼭 봐야 할 것들, 꼭 먹어 보고 체험해 봐야 할 것들을 알짜배기만 모아 추천했으니 자신만의 여행 스타일에 녹여내어 나만의 한 달 살기를 즐겨 보기를 바란다.

프롤로그 004

1장 한 달 살기 출발 전에 준비해야 할 것 019

2장 선물 같은 하루가 되어 준 동남아 한 달 살기 043

태국

파타야

`호텔` **파타야를 제대로 즐기기 위한 호텔**

원 파티오 파타야 호텔 051   탑 풀빌라 053   힐튼 파타야 055
하드락 호텔 파타야 057

`관광/투어` **파타야에서 꼭 봐야 할 것들**

백만년 바위 공원과 악어 농장 058   진리의 성전 058
파타야 수상 시장 061   농 눅 빌리지 062   황금 절벽 사원 065
원데이 요트투어 065

`맛집` **지금, 파타야를 즐기려면 여기**

센트럴 페스티벌 파타야와 야시장 067   3 머메이드 카페 068
몽창 카페 069   타피아 수상 카페 070   동원각 073

방콕

호텔 도심에서 즐기는 호캉스
콘래드 방콕 075 밀레니엄 힐튼 방콕 076 코트야드 바이 메리어트 방콕 079

관광 역사와 문화가 담긴 볼거리
방콕 왕궁 079 카오산 로드 083 아시아티크 083 짜뚜짝 시장 085

투어 우리가 미처 몰랐던 방콕
리버 크루즈 086 태국 골프 여행, 칸차나부리 088

맛집 고급 미식과 현지의 맛
엘리먼츠 레스토랑 092 아이콘시암의 현지 음식 095 차이나타운 096

마사지/쇼핑 완벽한 여행의 마무리
원모어타이 마사지 098 코코 마사지 앤 스파 100 방콕에서 가장 핫한 쇼핑몰 아이콘시암 103

베트남

하노이

호텔 관광하기 좋은 위치의 하노이 호텔

힐튼 가든 인 하노이 109 인터컨티넨탈 하노이 웨스트 레이크 111

투어 하노이에서 꼭 봐야 할 알짜배기 코스

하롱베이 1박 2일 크루즈 114 닌빈 투어 118

맛집 분짜의 본고장에서 즐기는 미식

분짜 흐엉리엔(오바마 분짜) 120 롯데호텔 루프탑바, 탑 오브 하노이 122 콩 카페 123

다낭

호텔 도착 첫날 가성비부터 호캉스까지

라이즈마운트 프리미어 리조트 다낭 126 프리미어 빌리지 다낭 리조트 매니지드 바이 아코르 128

관광 다낭에서 인생 샷 남길 만한 BEST 여행지

바나 힐 131 린응사(영응사) 135 오행산(마블마운틴) 136 다낭 대성당(핑크 성당) 139 호이안 올드타운 139 호이안 안방 비치 143

투어 다낭을 더 진하게 즐기는 방법
　　호이안 에코 투어 144　　잭스키친 쿠킹 클래스 147

맛집 꼭 먹어 봐야 하는 현지 음식
　　하노이 쓰아 149　　마담란 151　　코이 가든 153　　하이코이 155
　　봉막창 156　　콩 카페 1호점 157　　하이랜드 커피 인도차이나점 159

마사지/쇼핑 여행의 깨알 같은 즐거움
　　핑크 스파 159　　한시장 162　　부부숍 165　　부산 이발관 166

나트랑

호텔 휴양의 진수를 만끽할 수 있는 곳
　　선라이즈 나트랑 비치 호텔 앤 스파 169　　노보텔 나트랑 170
　　아미아나 리조트 173　　랄리아 닌반베이 175　　빈펄 리조트 176

관광/투어 몸으로 체험하고 느끼는 나트랑
　　빈원더스 178　　나트랑 호핑 투어 180　　아이리조트 스파 181

맛집 베트남에서 맛보는 의외의 베스트 맛집
　　믹스 그릭 레스토랑 183　　포한푹 쌀국수 186　　반깐 51 186

호치민

호텔 관광하기 좋은 위치의 숙소
　　소피텔 사이공 플라자 189　　르메르디앙 사이공 190

`관광` **짧아도 알차게 둘러보는 추천 코스**

우체국과 서점 거리 191 떤딘 성당(핑크 성당) 195 부이비엔(여행자 거리) 195

`맛집` **한국인 입맛에도 찰떡인 맛집들**

꾸안 옥 부(해산물 거리) 198 하노이 분짜 (일본인 거리) 200 포피스 201

`마사지/쇼핑` **쇼핑부터 힐링까지**

벤탄시장 202 22스파 205

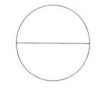

인도네시아

발리

`호텔` **한 달 동안 가성비부터 럭셔리까지**

포 포인츠 바이 쉐라톤 웅가산 214 힐튼 발리 리조트 216 바이스로이 발리 217 르네상스 발리 울루와뚜 리조트 222

`관광/투어` **세상을 다 가진 듯한 인생 샷 명소**

더 엣지 발리 221 울루와뚜 사원 225 GWK 파크 227 스미냑 비치 229 꾸따 비치 229

`맛집` **현지인이 인정하는 로컬 맛집**

이부오카 3호점 232 레공 붐부 레스토랑&짐바란 수산시장 233 우붓 피손 카페 235 한식당 부엌 237

말레이시아

코타키나발루

호텔 휴양부터 음식까지 즐기는 해피아워
　　힐튼 코타키나발루 245　머큐어 코타키나발루 시티 센터 247

관광/투어 페리 타고 즐기는 섬 투어
　　제셀톤 포인트 249　쁘라우띠가 섬 호핑 투어 251　디나완 섬
　　호핑 투어 253　반딧불이와 선셋 투어 257

맛집 액티비티 후 에너지 충전해 주는 맛집
　　시앙시앙 판면 260　코타키나발루 야시장 262

쿠알라룸푸르

호텔 전 세계에서도 손에 꼽히는 가성비 호텔
　　더블트리 바이 힐튼 쿠알라룸푸르 264

관광/투어 특유의 문화가 담긴 볼거리
　　로얄 셀랑고르 주석 공장 265　바투 동굴 268　몽키힐 270
　　므르데카 광장 272　페트로나스 트윈 타워 273　반딧불이 투어 275

맛집 현지의 길거리 음식 즐기기
　　므르데카 광장의 야시장 277　올드타운 커피 277

쇼핑 말레이시아에서 사야 하는 기념품

    마트 쇼핑하기 279   미쯔이 아울렛 281

필리핀

세부

호텔 설레는 휴양지 감성의 리조트

    샹그릴라 리조트 289   솔레아 막탄 리조트 290   바이 호텔 세부 292

관광/투어 세부를 즐기려면 바닷속으로

    블루몬스타 다이빙 294   오슬롭 고래상어 스노쿨링 297
    캐녀닝 투어 301   올랑고&힐룽뚱안 호핑투어 302   모알보알 305
    단독 시티 투어 305

맛집 맛도 좋고 뷰도 좋은 맛집

    씨푸드 레스토랑 골드망고 309   졸리비 310   세부 테이스티 310
    망 이나살 312

마사지/쇼핑 1일 1마사지에 쇼핑으로 기분 업

    킹 스파 315   아얄라몰 316

1장

한 달 살기
출발 전에
준비해야 할 것

한 달 살기
출발 전에
준비해야 할 것

항공권 예약하기

해외여행의 시작은 당연히 항공권 예약이다. 항공권 예약을 저렴하게 하는 팁이라면, 구글 플라이트에 들어가서 매일 확인하는 것이다. 매일 가격이 바뀐다기보다는, 꼭 가야 할 날짜와 나라를 정해둔 것이 아니라면 수시로 출도착이 다른 나라를 검색해 보는 것이 좋기 때문이다. 그러다 보면 특정 시기, 특정 도시에 유독 저렴한 티켓이 나오는 지점을 발견할 때가 있다.

여행 카페를 잘 활용하는 것도 방법이다. 여행 카페를 자주 들락거리면 티켓팅 고수들이 '어디에 저렴한 티켓 풀렸습니다' 하고 알려 준다. 그때 빨리 클릭! 대신 고민하면 기회는 사라진다. 나는 카

페에서 발견한 정보 덕분에 우연히 남미 왕복 항공권을 무려 40만 원의 역대급 특가로 잡은 적이 있었다. 노선이 워낙 길어서 거의 2박 3일 동안 비행기에서 힘들고 지루한 시간을 보냈지만 그래도 40만 원이니까 이해할 수 있었다. 심지어 그때 탔던 아에로멕시코(Aeromexico)가 대한항공 마일리지를 적립해 줘서 2만 마일을 쌓았으니, 거의 공짜로 왕복한 셈이었다.

최근 발리에 갔을 때는 싱가포르를 경유했음에도 왕복 35만 원으로 저렴하게 티켓을 끊었는데 이 역시 재빠르게 정보를 얻은 덕분이었다. 코로나19 때문에 입국 절차가 자주 바뀌고 있던 때에 다음 날부터 발리 입국이 자유로워진다는 발표가 났다. 티켓이 비싸지겠다 싶어서 아침에 일어나자마자 결제했더니, 역시나 다음 날부터 가격이 올랐다. 다양한 정보에 관심을 가지고 있다가 적절한 타이밍에 티켓팅하면 생각보다 저렴하게 예약할 수 있는 기회가 있다. 특히 한 달 이상의 장기 여행을 계획하는 경우, 사람들이 몰리는 항공권 성수기 날짜를 어느 정도 피할 수 있기 때문에 항공권보다는 숙박비에서 가장 큰 지출이 발생하게 된다.

TIP
코로나 시국에 고려해야 할 점

특히 코로나 시국에 해외 여행과 관련하여 입출국 절차가 복잡해지고 또 자주 바뀌기도 했다. 다행히 최근 하늘길이 열리고 항공편이 늘어나면서, 해외 여행 출국 시에는 코로나 검사를 받지 않아도 되는 곳이 많아졌다. 이 책에서 소개하고 있는 동남아 5개국도 출국 시에는 코로나 검사를 받지 않아도 된다. 대신 우리나라로 귀국 시에 필수로 PCR 혹은 신속항원검사를 받아야 한다.
따라서 최근 상황으로는 주말 비행기로 돌아오는 항공권은 끊지 않는 것이 좋다. 해당 국가에서 출국하기 24시간 전에 검사를 해야 하는데, 가뜩이나 해외 병원에서 검사받는 것도 어렵거니와 주말에는 병원을 여는 곳도 생각보다 많지 않기 때문이다. 병원 외에 신속항원센터를 이용하는 방법도 있으니 돌아오는 날의 일정에 따라 동선을 고려해서 항공권 날짜를 결정하기를 권장한다.

필수 앱 추천

항공권 예약 스카이스캐너(Skyscanner)

나는 항공권을 예약할 때 주로 스카이스캐너나 구글플라이트(Google flight)를 사용한다. 구글플라이트는 국내에서 예약이 되지 않지만 스케줄을 알아볼 때 유용하다. 하지만 요즘처럼 비행 스케줄이 자주 바뀌는 시기에는 통합 사이트를 경유하는 것보다 각 항공사 홈페이지에서 발권하는 것을 권하고 싶다. 여행사를 경유해서 예약하는 경우, 스케줄 취소 시에 상담원 연결이 어렵고 발권 수수료도 추가로 발생하기 때문이다.

호텔이나 투어 예약 트립스토어(Tripstore)

호텔이나 투어 프로그램을 예약할 때 우리나라의 모든 에어텔과 패키지 상품을 모아 놓은 트립스토어를 참고하는 편이다. 하나투어, 모두투어, 노랑풍선 등 유명한 여행사 상품을 한눈에 보고 검색할 수 있다. 만약 여행 날짜나 머물고 싶은 리조트가 정해진 상태라면, 항공권과 호텔을 하나로 묶은 에어텔 상품을 선택하면 더 편리하게 예약 가능하다. 얼리버드 상품이나 룸 타입 업그레이드 등 세부사항도 꼼꼼히 확인해서 예약하자.

이동 그랩 택시(Grab Taxi)

동남아 여행의 필수는 바로 그랩 택시다. 해외에도 택시가 많이 다니지만 길가에서 바로 택시를 잡기 쉽지 않은 곳도 있고, 특히 내리는 곳을 설명하기 복잡하다 보니 나는 그랩을 선호하는 편이다. 그랩을 이용하려면 인증이 필요한데, 국내에서 인증을 해도 해외에서 사용이 가능하다.

날씨 윈디(Windy)

실제로 스쿠버 다이버들이 많이 쓰는 앱이라고 한다. 해당 지역의 기온뿐 아니라 바람과 태풍, 비가 오는 상황을 실시간으로 관찰할 수 있고 미리 구름의 형태를 통해 예측하기도 한다. 물론 실시간으로 구름과 바람이 변화하기 때문에 일주일 이상의 정확한 예상은 어렵지만, 3~4일 정도는 꽤 정확하게 예측 가능하기 때문에 바다로 나가는 투어 프로그램을 진행할 때 참고하면 좋다.

여행 경비 계산 앱 핸드트립(Hand trip)

여행 비용을 기록하고 정리하기 좋은 앱이라서 나는 국가별 한 달 살기를 할 때마다 사용하고 있다. 내가 사용한 비용을 기록한 뒤에 항공권, 교통비, 숙박비, 액티비티 등 카테고리별로 한눈에 비교해 볼 수 있어서 편리하다.

여행 첫날, 공항에서 호텔까지

여행 시작 단계에서 가장 막막한 부분은 '공항에 도착해서 목적지까지 어떻게 이동할 것인가'다. 보통 택시가 많긴 하지만 정신없는 호객 행위 사이에서 바가지를 쓰지 않을까 걱정이 된다. 특히 짐이 가득한 캐리어와 현금, 신용카드를 다 가지고 있는 상황이라 불안하다. 그래서 여행 전에 반드시 미리 준비해야 할 세 가지를 꼽자면 항공권, 호텔, 그리고 바로 교통이다.

나는 현지에서 이동할 때 주로 그랩 택시를 이용하지만, 공항에서 첫 호텔까지는 한국에서 미리 택시 픽업 서비스를 신청해 두고 간다. 그랩 택시는 보통 공항까지 들어오지 못하기 때문에 밖에 주차하는 기사님을 찾아 만나기가 너무 어렵다. 그래서 한국 여행사를 통해 픽업을 신청하고 이동하면 스트레스 없이 바로 호텔까지 도착하기 좋다. 특히 한국 업체의 택시를 예약하면 혹시라도 비행기가 연착되거나 사고가 나는 등 불의의 상황에서도 쉽게 소통하고 대처할 수 있다. 아무리 여행에 익숙한 사람이라도 새로운 여행지에서는 우왕좌왕할 수밖에 없는데, 이때 택시 픽업 서비스는 공항에서 호텔까지 걱정 없이 편하게 이동할 수 있는 방법이다.

공항 픽업 신청할 때 확인할 점

① 한국인 운영 업체인지 체크
② 현지 보험 가입 완료
③ (아이가 있다면) 유모차와 카시트 무료 렌트
④ 차량 내 와이파이

위 사항을 꼼꼼히 확인해 두면 더욱 편리하게 이용할 수 있다.

날씨 고려해서 시기 정하기

여행을 떠날 때 미처 고려하지 못하는 것 중에 하나가 의외로 날씨다. 여행 정보를 찾아볼 때는 늘 맑은 날씨의 사진이 올라와 있으니 비가 쏟아지리라고는 상상하기 어려운 것이다. 우리나라의 휴가철이라고 해도 동남아 각 나라별로 날씨가 다르기 때문에 여행하기 적절한 시기인지 꼭 고려해야 한다. 기본적으로 동남아에서 휴양을 즐기려면 절대 우기에 가면 안 된다. 우기에도 비가 안 올 수 있다는 희망적인 합리화는 여행사의 마케팅일 가능성이 높다. 우기와 건기는 거짓말을 하지 않는다. 열흘 동안 여행을 가면 정말로 열흘 내내 비가 올 수도 있다. 게다가 우기에 여행을 갔을 때 당일 비가 안 오더라도 며칠 전에 비가 왔다면 바닷속에 흙탕물이 섞여서 이미 시

야가 탁하기 때문에 스쿠버 다이빙이나 스노쿨링을 깨끗하게 즐기기 어렵다. 우리나라의 여름 휴가철 시기에 건기인 동남아는 발리와 코타키나발루뿐이다. 그 외에는 보통 12월쯤이 건기라서 겨울에 가는 것이 좋다. 물론 건기가 여행하기 좋은 시기인 만큼 비용이 더 비싼 것은 어쩔 수 없다. 그래서 나는 주로 우기와 건기 사이, 살짝 가격대가 아슬아슬하게 변동될 즈음을 노려서 갈 때가 많다.

해외 유심과 로밍

해외에 나갈 때 어느 나라를 가든 일단 인터넷만 되면 든든하다. 유심을 공항에서 바로 살 수 있는 곳도 있지만, 나는 혹시 몰라서 한국에서 미리 구매해 간다. 실제로 해외 공항에 도착했을 때 시간이 늦어서 유심을 살 수 없는 경우도 있고, 코로나19 때문에 이전과 달리 문을 닫은 경우도 있기 때문에 미리 준비해 가는 편이 낫다. LTE 속도로 카톡, 인스타, 이메일 등 한국에서처럼 자유롭게 쓸 수 있는 것은 물론이고, 내가 어디에 있든 바로 구글맵을 확인할 수 있다는 것도 안심이다. 구글맵이 없을 때는 어떻게 여행을 다녔는지 모를 정도로 편하게 사용하고 있는 사람이 나뿐만은 아닐 것이다.

나는 주로 해외 유심 판매 사이트인 말톡(maaltalk)에서 유심을 미리 구매다. 이때 가능하면 현지 전화번호가 있는 것으로 사야 그랩을 탈 때 인증을 하고 편리하게 이용할 수 있다. 현지 전화번호가 있고 통화도 가능하기 때문에, 혹시나 기사님을 찾기 어려울 때도 통화를 할 수 있어 더더욱 안심이다. 특히 유심을 구매하면 60분 정도 무료 통화를 주는 요금제도 있다. 짧은 휴가에서는 통화할 일이 별로 없을 수 있지만, 한 달 동안 장기로 머물다 보면 한국으로 전화할 일도 생기기 마련인데 통화 품질이 안

좋으면 성격 급한 한국인은 속이 터진다. 그래서 통화 품질이 좋은 유심을 구매해서 사용하고, 114에 전화해서 미리 010 착신 전환 서비스를 신청하면 내 번호 그대로 전화와 문자를 받을 수 있다. 대신 한국에서 꼭 신청하고 가야 한다는 걸 기억하자.

그리고 유심 외에 로밍을 하는 방법도 있다. 예전에는 해외에서 로밍을 하면 데이터 폭탄을 맞을까 봐 걱정했지만 요즘은 정액제로 이용할 수 있어 그런 걱정이 없어졌다. 다만 로밍이

조금 더 비싼 경우가 많아서, 나는 주로 로밍을 하되 데이터가 떨어지거나 전화를 해야 할 때는 유심을 넣어서 쓰는 식으로 병행해서 사용한다.

환전

여행을 자주 다니는 분들이라면 100달러 신권으로 환전한 후, 각 국가에 방문했을 때 해당 지역의 환전소에서 환전하는 편이 환율이 좋다. 하지만 관광이 활성화되지 않은 지역은 사설 환전소가 없고 주말에는 은행이 열지 않아 불편한 경우가 많기 때문에 환전은 되도록 한국에서 미리 해 가는 것이 가장 편리하다. 미리 환전하지 못했다면 당장 써야 하는 일부 비용만 공항에서 환전하는 것도 좋다.

여행자 보험

여행자 보험은 대수롭지 않게 생각할 수 있지만 필수로 꼭 들어야 하고, 보장 내용도 꼼꼼하게 따져봐야 한다. 어디에서 이벤트로 가입해 주는 공짜 여행자 보험으로 퉁치는 것은 절대 금물이다. 여행자 보험은 국내 브랜드도 있고 해외 브랜드도 있으니 잘 살펴보고 선택하면 되는데, 꼭 챙겨야 하는 항목 몇 가지가 있다. 일단 해외 질병은 3천만 원에서 5천만 원 정도가 보장되는지 확인해야 한다. 해외 질병에는 코로나19도 포함된다. 그리고 도난 분실 항목이 들어가야 한다. 보통 본인의 실수로 잃어버리는 것은 보장되지 않지만 소매치기 등 피해를 입었을 경우에는 보험 처리를 할 수 있다. 이때 경찰서에 가서 폴리스 리포트를 요청하거나 제3자의 목격자 진술서가 있어야 하니 분실 시 챙겨야 하는 항목들도 미리 확인해 두자.

조금 더 욕심을 내서 따져 본다면 항공 지연에 대한 항목까지 들어가 있으면 좋다. 항공기가 결항되는 경우 보통 항공사에서 지원해 주는 부분이 없는데, 보험을 들어 놓으면 숙박비나 교통비, 식비까지 지원해 주기도 한다. 여행자 보험은 한 달 일정으로 대략 10만 원 정도 비용인데, 물론 적은 돈은 아니지만 막상 비싼 카메라나 휴대폰이라도 잃어버리면 보험 여부가 정말 큰 위안이 된다.

짐 챙기기

지금은 한 달 살기 여행을 가서 촬영도 하고 일도 하고 있어 장비가 많지만, 예전에는 딱 기내용 캐리어 10㎏만 들고 다녔다. 한 달 동안 한 번쯤 아플 수 있기 때문에 비상약은 필수로 챙기고, 옷가지 몇 개, 그리고 신발은 가장 편한 걸로 하나면 충분하다. 생각보다 사람 사는 건 다 똑같다. 사는 데 필요한 것이 많지 않다. 뭔가 부족해도 현지에 가서 사면 되니 크게 부담 갖고 짐을 바리바리 싸지 않아도 웬만한 건 그곳에서 다 해결된다. 특히 나는 호텔 스테이를 주로 했기 때문에 필수 생활 용품은 다 갖춰져 있어서 더 편리했다. 참고로 더운 동남아에 갈 때 핸디 선풍기를 챙겨가야 하나 싶을 수도 있지만, 더운 계절엔 후끈한 바람과 습한 날씨에 뜨거운 바람만 나올 뿐이다. 핸디 선풍기로는 더위에 큰 효과를 볼 수 없으니 차라리 짐을 줄이는 것이 낫다. 에어컨이 있는 차를 타고 이동하는 것이 베스트다.

한 달 살기 알차게 즐기는 팁

날씨를 보고 일정 정하기

한 달 살기를 하면 내일 할 일을 오늘 정하지 않아도 된다. 특히 동

남아 여행은 일몰을 보거나 바다에 들어가서 액티비티를 할 때가 많아 날씨가 중요한데, 당일 날씨를 보고 그날 할 일을 선택할 수 있다는 것이 가장 좋은 점이다. 항공권과 호텔만 미리 준비하면 나머지는 모두 현지에서 그때그때 선택할 수 있으니 무계획적인 여행이 가능한 것이다. 사실 여행을 가면 평소보다 더 많이 걷고, 짧은 기간 동안 많은 일을 하려다 보니 하루를 마치면 피로해져 녹초가 될 때도 많다. 한 달 동안 여유롭게 나의 일상을 영위할 수 있다는 것은 생각보다 더 매력적이다. 실제로 가 보면 호텔조차 미리 예약하지 않고 오는 사람들도 많은데, 나는 한 달치 호텔 정도는 미리 준비해 두고 가는 편이다. 물론 현지에 가서 룸 컨디션을 보고 변경하기도 한다. 이 기간만큼은 정해진 스케줄을 따르기보다 최대한 자유롭게, 마음 가는 대로 지내보는 것도 좋은 경험이다. 대신 치안이 좋지 않은 곳도 있으니 밤 늦게 돌아다니지는 않도록 하자.

투어 예약하기

계획 없이 시간을 보내는 것도 좋지만 몇 가지 투어 프로그램을 미리 신청해 보는 것이 좀 더 알찬 여행을 즐길 수 있는 좋은 방법이다. 나는 나라별로 시티 투어나 호핑 투어를 신청해서 편리하게 주요 관광지를 둘러보기도 한다. 따로 이동할 수도 있지만 투어 프로그램을 이용하면 일단 이동이 편리하고, 바다에서 하는 프로그램은 가이드가 있어 더 안전하게 이용할 수 있다.

사진 잘 찍는 방법, 사진 찍기 좋은 시간대

이제는 여행을 많이 다니고 기록하는 게 직업이 되다 보니 장비도 늘어났고 사진을 많이 찍는 편이다. 해외 여행 사이트에 올라오는 사진처럼 멋진 장면을 남기는 데에도 나름대로 팁이 있다. 기록용 사진 외에 여행 인생 샷을 남기고 싶을 때는 오전 11시에서 12시 사이가 가장 좋다. 오후 3시를 넘어가면 빛이 노래져서 휴양지 특유의 쨍한 사진을 남기기 어렵기 때문이다. 꼭 사진을 남기고 싶은 멋진 리조트에서 1박만 한다면 체크인 시간보다 먼저 도착해도 된다. 수영장 사진은 무조건 하늘이 맑고 날씨가 좋을 때가 최고다. 나는 정말 신경 써서 사진을 남기고 싶을 땐 날씨 앱으로 구름의 움직임까지 체크하기도 한다. 구름 한 점 없을 때 인피니티 풀에서 바다를 배경으로 찍는 사진은 언제 봐도 화보처럼 멋지다.

한 달 살기 비용은 얼마나 들까

아마 한 달 살기를 계획할 때 가장 궁금한 부분이 비용일 것이다. 비용은 물론 여행 스타일에 따라 달라질 수 있기 때문에 비행기 값을 포함해서 적게는 300만 원, 많게는 800~1000만 원도 들 수 있다. 예산을 짤 때 고려해 볼 만한 기본적인 사항들을 참고하되 구체적인 비용은 자신의 스타일에 맞춰 가늠해 보길 바란다.

항공권 + 여행자 보험 + PCR + 비자

항공권은 어느 국가를 가느냐에 따라서 다른데, 최근에는 유류할증료가 오르면서 항공권 가격도 많이 오른 편이다. 출발하는 날짜나 시간대에 따라 달라지니 비교해 보고 결정하면 된다. 시간이 많다면 경유 편을 선택해서 저렴한 비용으로 이용할 수 있다. 그 외에 여행자 보험이 5~10만 원, PCR 검사 비용, 비자가 필요한 국가는 도착 비자 비용까지 고려해서 계획해야 한다.

숙박비

한 달 살기에서 가장 큰 비용 지출이 생기는 부분이 바로 숙박비다. 팬데믹 이후로는 아무래도 숙소를 고르는 데에 더 까다로워졌다. 그래서 단독으로 쓸 수 있는 호텔을 선호한다. 나는 무엇보다 한 달 정도 장기로 머무는 동안 충분히 안전하고 편안하게 쉴 수 있는 숙소 공간이 중요해서 대부분 호텔을 예약하고 가는 편이다. 일단 호텔에 기본적인 생활 용품이 갖춰져 있어 짐을 줄일 수 있는 점이 좋고, 보통 4성급 이상이면 CCTV가 있기 때문에 물건을 도난당할 걱정도 없다. 특히 호텔은 잠만 자는 곳이 아니라 내가 힘들 때나 도움

이 필요할 때 도와주는 곳이기도 하다. 한번은 물건을 분실해서 난처했던 적이 있는데 따로 목격자가 없어 상황을 알고 있는 호텔 매니저가 증인이 되어 주기도 했다.

호텔에서 한 달이나 머물면 너무 비싸지 않을까 싶어 주저하게 될 수 있지만. 잘 찾아보면 가성비 좋은 4성급 호텔들이 많다. 5성급 호텔에 가면 좋겠지만 아무리 동남아라도 가격 차이가 많이 나기 때문에, 한 달 정도 장기 예약을 하려면 가성비 좋은 4성급 호텔을 메인으로 하는 편을 추천한다. 1박에 7만 원 정도 비용으로 숙박한다면 숙박비는 약 150만 원 정도가 들 것이다. 여기서 한 가지 팁이 있다면 한 도시에서 한 달을 살게 될 경우 호텔에 장기 투숙 요금으로 할인해 달라고 요청하는 것이다. 몇 박부터 장기 투숙으로 보는지는 호텔에 따라 다르지만, 보통 1박에 8만 원짜리 호텔이라면 6만 원 정도까지 할인을 받아볼 수 있다. 다만, 필리핀 세부는 예외다. 세부는 리조트가 비싼 편이라서 1박에 최소 10만 원 정도의 예산은 잡아야 한다.

물론 어느 나라에서나 3성급 호텔은 그보다 더 저렴하게 이용할 수 있지만, 특히 여행지에 처음 도착하는 날에는 너무 저렴한 호텔은 권장하지 않는다. 첫날은 잠만 자면 된다는 생각에 무조건 싼 호텔을 잡는 경우가 있는데, 안 그래도 피곤한 상태에서 너무 형편없는 호텔에 가게 되면 여행의 시작이 더 피곤하고 우울해진다.

또 한 가지 팁이 있다면, 체인 호텔의 경우 숙박객의 이용 횟수에 따라서 등급을 나눠 두고 있는데 그 등급을 달성하고 나면 굉장히 저렴한 비용으로 혜택을 볼 수가 있다. 예를 들어 힐튼(hilton) 호텔은 골드 등급이 되면 제일 저렴한 방을 잡아도 조식을 무료로 제공한다. 호텔 조식은 보통 10시나 10시 반쯤 끝나지만 리조트의 경우 조식을 11시까지 하는 경우가 있다. 이때 한 끼를 먹고 나면 점심이 해결되는 셈이니 저녁 한 끼만 사 먹으면 된다. 이런 식으로 식비를 절약할 수도 있다. 또 다이아몬드 등급이 되면 제일 저렴한 방을 예약해도 스위트룸을 준다. 여행을 혼자 갔을 때는 꼭 방이 클 필요가 없지만 두 명이 가게 될 경우에는 이게 굉장히 큰 메리트다. 스위트룸은 거실이 분리되어 있는데, 여러 날을 머무는 동안 호텔에서도 방과 거실로 분리된 나만의 공간을 가질 수 있다는 뜻이기 때문이다. 마찬가지로 메리어트(marriot) 호텔도 전 세계에 체인이 가장 많은데, 플래티넘 등급이 되면 저렴한 방을 예약해도 업그레이드를 해주고 조식을 주는 등의 혜택을 제공한다.

그래서 이왕이면 같은 계열의 호텔을 꾸준히 이용해야 추후 혜택을 받기 좋다. 우리가 이름을 알고 있는 유명한 호텔 계열들이 막연히 비쌀 것 같지만, 같은 힐튼이라고 해도 5성급이 있고 가든 인(garden inn)이라고 하는 4성급도 있어서 상황에 맞게 번갈아 가며 이용하면 의외로 그렇게 부담스럽지 않다. 물론 그렇다고 게스트 하우스처럼 저렴하지는 않지만, 충분히 그 비용만큼의 가치를 느낄 수 있을 것이다.

각 나라별 여행 스타일을 고려해 그에 맞는 숙박 비용을 배분하는 것도 중요하다. 예를 들어 4박 6일로 발리에 가서 1박에 100만 원짜리 비

싼 리조트를 큰 마음 먹고 예약했는데, 그중 이틀 동안 하루 종일 바다로 액티비티를 나간다면 리조트를 예약한 의미가 없다. 이처럼 야외 일정이나 투어가 많이 잡혀 있는데 굳이 비싼 5성급 호텔에 머물 필요는 없을 것이다. 나는 보통 가성비 좋은 4성급 호텔에 머물면서 관광이나 투어도 나가고, 일정의 일부만 5성급이나 럭셔리 리

TIP
나의 한 달 살기 비용

조트를 이용해 그날은 리조트에 하루 종일 머무는 편이다. 또 한 달씩 같은 호텔에 머물지 않더라도 비싼 호텔은 3박 정도, 그보다 가성비 좋은 호텔에서는 5박 정도를 주로 숙박한다. 보통 투숙하면 호텔 포인트가 쌓이는데, 4박을 하면 1박을 무료로 주기 때문이다.

교통비 + 식비 + 입장료

그 외에 식사나 투어 등은 자신의 예산 내에서 자유롭게 조절할 수 있는 부분이다. 동남아에서 교통은 주로 그랩 택시를 이용하고, 하루 식비와 관광지 입장료 등을 고려했을 때 보통 하루 5만 원 정도, 2인이라면 하루에 7~8만 원 정도의 예산이면 충분하다.

한 달 살기 비용

최종적으로 나는 4성급 호텔을 메인으로 숙박하고, 5성급과 리조트를 한 번씩 즐기는 일정으로 1~2인 기준 대략 500만 원 정도가 들었다. 여행자의 성향이나 취향에 따라 다르겠지만, 경험과 추억에 투자한다면 인생에 한 번쯤 해 볼 만한 소비가 아닐까.

2장

선물 같은 하루가 되어 준 동남아 한 달 살기

태국

THAI, ราชอาณาจักรไทย, ประเทศไทย

태국은 우리나라 사람들에게 특히 인기 있는 여행지 중 하나다. 동남아의 따뜻한 기운이 기분 좋게 몸을 녹여 주고, 낯설지만 친근한 태국 사람들이 기분 좋은 기억을 새겨 주어 나 역시 좋아하는 여행지다. 방콕에서 오랜 역사가 묻어나는 신비로운 명소들과 식문화를 즐기고, 파타야에서 바다를 바라보며 비치에서 호캉스도 할 수 있으니 다양한 취향을 가진 사람들을 모두 만족시킬 수 있는 여행지이기도 하다. 특히 요즘 태국은 한국만큼이나 인스타그램이 인기를 끌고 있어서 사진 찍기 좋은 세련된 핫플레이스가 정말 많아졌다. 길거리 음식을 즐기는 배낭 여행 스타일과 아기자기한 카페에서 인생 샷을 남기는 화려한 여행을 모두 누리고 싶다면 바로 태국으로 떠나야 한다.

환율 단위

1000원 =
약 27.37THB(바트)

날씨

태국은 5월~10월이 우기이기 때문에 항공권이 가장 저렴한 편이지만, 대신 비가 많이 오고 내내 후덥지근해서 날씨에 예민한 사람에게는 힘든 여행이 될 수 있다. 물론 1년 내내 늘 더운 나라이긴 하지만 우기가 지나고 밤에 기온이 선선해지는 11월~3월 사이에 방문하면 가장 여행하기에 좋다.

3개월 무비자 여행지

태국은 원래 3개월까지 무비자로 여행할 수 있는 나라다. 코로나19 때문에 한동안 무비자 기간이 1개월로 줄었다가 지금은 다시 3개월로 바뀌었다. 혹시나 무비자 기간보다 길게 여행할 예정이라면

비자 연장은 무조건 우리나라에서 하고 가는 것을 권장한다. 나는 1개월 무비자를 현지에서 연장하려다가 이민국에 세 번이나 방문해야 했다. 우리나라 공공기관은 보통 한 번 방문하면 볼일을 모두 처리할 수 있는데, 태국의 이민국 공무원은 까다롭기로 유명해서 내 돈을 내고 비자 연장을 하는 건데도 거의 애걸복걸하듯이 진행해야 겨우 통과되는 수준이다.

타일랜드 패스 폐지

코로나 시국으로 상황이 시시각각 바뀌고 있어서 한동안은 매일 새로운 정보가 업데이트되었다. 얼마 전까지만 해도 타일랜드 패스를 발급받아야 입국할 수 있었는데 최근에는 타일랜드 패스가 중지되어 입국 절차가 코로나 이전만큼 간편해졌다.

추천 일정

> 방콕 공항 도착 > 파타야 2주 > 방콕 2주

방콕 수완나폼 국제공항을 기준으로 지도를 봤을 때 파타야는 오른쪽으로 1시간 30분 정도 거리에 있고, 방콕 시내는 왼쪽으로 30분 이상 차를 타고 가야 한다. 그래서 내가 추천하는 방콕 한 달 살기는 공항에 도착해서 일단 바로 파타야로 들어가 호캉스를 하며 2주 정도를 보내고, 다시 방콕으로 돌아와서 시내 관광도 하고 쇼핑도 하며 한 달 살기를 마무리하는 일정이다. 참고로 태국 지하철인 BTS가 있지만 의외로 그리 저렴하지 않아서 나는 차라리 편리한 그랩 택시로 이동하는 것을 더 추천한다.

귀국 24시간 전 신속항원검사

귀국 하루 전에 RAT(Rapid Antigen Test)를 받아야 한다. 출국 시 공항 내에 2개 검사소를 이용할 수 있는데 비용에 차이가 있다. 3번 게이트 앞은 1인 250바트, 7-8번 게이트 앞은 1인 550바트.

파타야

공항에서 파타야로 바로 들어가기 전에 방콕 시내를 조금 구경하다

TIP
파타야로 가는 길, 카오 키여우 오픈 주 경유하기

나는 공항에서 파타야까지 이동하기 위해서 미리 한국에서 여행사를 통한 택시 픽업을 신청하고 갔다. 그런데 방콕에서 파타야로 가는 길목에 카오 키여우 오픈 주(Khao Kheow Open Zoo)라는 곳이 있다. 일정 비용을 추가하면 그곳을 경유해 갈 수 있으니 이 부분을 포함하여 예약하면 좋다. 카오 키여우 오픈 주는 일종의 동물원인데, 택시를 탄 상태로 동물원 사파리를 구경하는 것이라고 생각하면 된다. 차에서 내려 동물들에게 먹이를 주거나 다양한 교감을 해볼 수도 있다. 원숭이가 관광객들에게 친근하게 다가오기도 하고, 태국 하면 떠오르는 코끼리가 물속에서 헤엄치는 모습도 볼 수 있다. 동물들을 가까이에서 만나 밥도 주고 사진도 찍어볼 수 있어서 아이가 있는 가족이라면 더욱 특별한 경험이 될 것이다. 동물원 입장료는 추가로 200바트를 내면 된다.

가 가도 되겠지만, 워낙 정체가 심하기 때문에 공항 근처에 있는 고속도로를 타고 파타야까지 빠르게 이동하는 편이 효율적이다. 파타야는 호캉스 목적으로 방문하는 분들이 많은데, 실제로 숙소가 워낙 많을 뿐만 아니라 최근에는 5성급 호텔 숙박비가 굉장히 저렴해지기도 했다. 호텔 검색 사이트에서 언뜻 둘러보기만 해도 어딜 가야 할지 후보가 너무 많아서 고민될 정도다. 2주간 호캉스만 한다고 생각하면 길게 느껴질 수 있지만, 의외로 볼 만한 핫플레이스가 많은 곳이라 시간을 알차게 보낼 수 있다.

호텔 파타야를 제대로 즐기기 위한 호텔

원 파티오 파타야 호텔

여행지에서 숙소를 실패하지 않는 나름의 노하우가 있다. 첫째, 유명한 글로벌 체인을 선택하는 것, 둘째는 새로 오픈한 호텔 중에서 고르는 것이다.

파타야에도 여느 여행지처럼 숙소가 워낙 많다 보니 어디에서 묵을

원 파티오 One Patio Hotel
464/59, Pattayasaisong Rd, Pattaya City, Bang Lamung District, Chon Buri 20150
파타야 비치에서 도보로 4분
+66 38 199 326

탑 풀빌라 TOP POOL VILLA
202/267 M. 9, Bang Lamung District, Chon Buri 20150
센트럴 페스티벌 파타야까지 도보로 20분
+66961960063

지 고민하다가, 생긴 지 얼마 안 되었다는 '원 파티오 파타야 호텔(One Patio Hotel)'에서 처음 이틀간 숙박하기로 했다. 물론 파타야에서 메인은 비치로드에 있는 호텔이지만 바다 뷰가 없는 만큼 숙박비도 저렴한 편이다. 오픈한 지 얼마 되지 않아서 일단 외관적으로 상당히 훌륭했다. 객실 화장실도 깨끗하고 용품들도 잘 갖춰져 있는 것은 물론, 음료나 과자, 미니 바도 무료로 제공되었다. 수영장도 규모가 아주 크지는 않지만 관리가 잘 되어 있었는데, 사람이 별로 없어서 나는 거의 전세 낸 것처럼 혼자 사용했다. 조식 시간은 오전 7시부터 11시까지로 넉넉했다. 오전 10시쯤 나와서 여유롭게 브런치로 먹어도 시간이 남아 마음에 들었고 특히나 스시 종류가 유독 훌륭했다. 그런데 현재는 조식 시간이 10시까지이며, 뷔페식으로 제공되지 않는다고 한다. 추후 다시 뷔페식으로 바뀔 수 있다고는 하지만 조식을 중요하게 생각한다면 고려해야 할 부분이다.

참고로 원 파티오 파타야 호텔은 코리아 타운 바로 코앞에 있다. 장기 여행 중에 한국 음식이 당길 때 곧장 먹으로 갈 수 있다는 것도 장점! 개인적으로 짬뽕집을 추천한다. 근처에서 트랜스젠더 쇼나 알카자 쇼(Alcazar Show) 등을 볼 수도 있다.

탑 풀빌라

2년 전 파타야 여행 때도 숙박했던 곳인데 만족스러웠던지라 한 달

힐튼 파타야 Hilton Pattaya
333/101 หมู่ที่ 9 Bang Lamung District, Chon Buri 20260
센트럴 페스티벌 파타야에 위치
+66 38 253 000

살기를 하면서 다시 방문했다. 내가 묵은 객실은 방이 4개였는데 거실도 넓고 고급스러운 분위기였다. 넓은 수영장에서 유유자적 휴식도 하고, 시내 근처에 위치해서 이동하는 데도 편리했다. 취사가 가능해 직접 주방에서 식사를 만들 수 있고, 따로 요청하면 바비큐 파티도 할 수 있다. 바로 근처에 한식당이 있어서 한식이 먹고 싶을 때는 육개장과 김밥, 심지어 차돌 된장찌개까지 알차게 챙겨 먹었다.

힐튼 파타야

파타야를 제대로 즐기려면 무조건 힐튼에 가봐야 한다. 조금 과장해서 힐튼을 가지 않았다면 파타야에 가지 않은 것과 다름없다고

말할 수 있을 정도다. 힐튼은 파타야 비치로드의 가장 중심에 위치해 있다. 풀장도 훌륭하고, 쇼핑몰과도 연결되어 있어 거의 모든 걸 호텔 내에서 다 해결할 수 있다. 특히 루프탑 15층 라운지에서 내려다보는 뷰가 어마어마하다. 정말 여기가 내가 있던 파타야인가 싶어 놀랄 정도다. 가능하다면 힐튼에서 2박 정도 하면서 리조트만 즐

하드락 호텔 파타야 Hard Rock Hotel Pattaya
429 หมู่ 9 Pattayasaisong Rd, Muang Pattaya, Bang Lamung District, Chon Buri 20150
파타야 비치 로드에 위치
+66 38 428 755

겨보길 추천한다. 더할 나위 없이 제대로 된 힐링을 만끽할 수 있다.

하드락 호텔 파타야

힐튼만큼 뷰가 훌륭한 것은 아니지만 비치가 가까워 위치가 좋은 편이다. 특히 풀장 등에 어린이들이 이용 가능한 시설이 많아서 가족 여행이라면 더욱 추천하는 호텔이다. 수영장도 넓은 편이고 객실도 깔끔해서 가성비가 좋다.

[관광/투어] 파타야에서 꼭 봐야 할 것들

백만년 바위 공원과 악어 농장

희소가치가 높은 오래된 나무와 기묘한 모양의 바위들, 그리고 수많은 악어가 있는 일종의 테마공원이다. 입구에 들어서면 먼저 다양한 바위가 늘어서 있고 좀 더 안쪽으로 가면 코끼리와 기린 등의 동물들을 볼 수 있다. 심지어 호랑이의 옆에서 같이 사진까지 찍을 수 있다! 정말 흔치 않은 기회이니 꼭 해 보길 추천한다. 시간에 맞춰 가면 이곳에서 가장 인기 있는 악어 쇼가 열리는데, 개체수도 엄청나게 많을 뿐만 아니라 사람이 악어 입에 손이나 머리까지 집어넣는 긴장되고 신기한 쇼를 관람할 수 있다. 정말 다양한 투어와 볼거리 중에서도 특히 기억에 남는 코스였다.

악어 농장 Pattaya Crocodile Farm
22 Nong Pla Lai, Bang Lamung District, Chon Buri 20150
하드락 호텔에서 차로 15분
+66 38 249 347

진리의 성전

진리의 성전은 나무로만 만든 건축물인데, 바닷가에 우뚝 솟아오른

진리의 성전 Sanctuary of Truth
206/2 หมู่ที่ 5, ถนน Pattaya-Naklua, Bang Lamung District, Chon Buri 20150
악어 농장에서 차로 20분
+66 38 110 653

모습이 뭐라 형용할 수 없이 웅장하고 화려해 눈을 의심하게 될 정도다. 1981년부터 만들어지기 시작해 지금까지도 짓고 있는 중이며, 해풍과 비바람에 견딜 수 있도록 100년 이상 된 티크와 마호가니 자재를 사용한다고 한다. 통나무를 먼저 설치한 후 다른 나무 조각들을 레고 블록처럼 끼워 넣은 방식으로 만들었고 사용된 못까지 전부 나무로 이루어져 있다. 인도네시아와 캄보디아, 그리고 인도까지 다양한 문화가 섞여 있는 복합적인 건축물이라 더욱 의미가 있다. 종교를 뛰어넘어 정말 예술적인 하나의 작품으로 감상할 수 있는 곳이다.

파타야 수상 시장

방콕에도 수상 시장이 있지만 파타야에도 비슷한 곳이 있다. 작은 조각배를 타고 강 위를 유유자적 돌아다니면서 시장 구경하는 재미가 쏠쏠해 한 번쯤 꼭 해 볼 만하다. 놀라운 건 이곳이 오래전부터 있었던 것이 아니라 어마어마한 비용을 들여 10여 년에 걸쳐 인공 호수를 만들고 2008년에 오픈한 곳이라는 점이다. 일부러 공을 들여 만든 장소인 만큼 흥미로운 물건들도 꽤 많은데, 보통 손으로

파타야 수상 시장 Pattaya floating market
45 304 หมู่ที่ 12 Sukhumvit Rd, Muang Pattaya, Bang Lamung District, Chon Buri 20150
진리의 성전에서 차로 30분
+66 88 444 7777

깎아 만든 비누와 전통 의상, 코코넛 등을 많이 구매한다. 물 위라서 시원할 것 같지만 습하기 때문에 모자나 양산을 꼭 챙기자.

농 눅 빌리지

이곳은 현존하는 사유지 정원 중에서 가장 큰 정원이라고 한다. 1954년에 농, 눅 부부가 취미로 다양한 열대 식물을 심기 시작하다가 점점 규모가 커져 수영장과 레스토랑도 생기고, 1980년부터 본격적으로 일반인들에게 오픈해 관광지로 인기를 얻게 되었다. 하루

농 눅 빌리지 Nong Nooch Village
34 Na Chom Thian, Sattahip District, Chon Buri 20250
파타야 수상 시장에서 차로 25분
+66 38 238 0613

황금 절벽 사원 Wat Khao Chi Chan Buddha
Soi Khao Chi Chan, Na Chom Thian, Sattahip District, Chon Buri 20250
농 눅 빌리지에서 차로 10분
+66 93 597 9872

에 방문객이 3,500여 명이나 될 정도로 아시아에서 제일 유명한 장소 중 하나다. 2018년부터는 공룡 파크도 오픈되었고 다양한 공연이나 코끼리 쇼, 트래킹 등을 즐길 수 있다.

황금 절벽 사원

절벽에 18K 황금으로 붓다상이 그려져 있어서 '황금 절벽 사원'이라고 부르는데, 농 눅 빌리지에서 차로 10분 정도라 한 코스로 묶어서 둘러보면 좋다. 사진으로만 볼 때는 실감나지 않았는데 실제로 보면 그 규모가 정말 엄청나고, 눈앞에 펼쳐진 석회암 절벽이 그야말로 절경이다. 이 절벽에 붓다상을 그리기 위해 사용한 황금이 17톤이나 되었다고 하니 정말 어마어마하다.

원데이 요트 투어

파타야에 왔다면 바다에 나가는 것도 당연히 빼놓을 수 없다. 나는

> **TIP**
> **데이 투어 신청해서 관광하기**
>
> 각 장소를 따로 방문해도 괜찮지만, 여행사에서 주요 관광지를 묶어 데이 투어 프로그램으로 판매하기도 한다. 주요 관광지를 쉽게 이동하고 한꺼번에 둘러볼 수 있기 때문에 하루에 몰아서 편리하게 관광하는 것도 좋은 방법이다.

| 원데이 요트 투어

여행사를 통해 원데이 요트 투어를 신청해서 즐겼는데, 정말 크고 럭셔리한 배 위에서 낚시도 하고 미끄럼틀도 타고, 다양한 해양 스포츠와 스노쿨링까지 할 수 있었다. 낮 12시쯤 출발해 오후 내내 신나게 물놀이를 하다가 배 위에서 바비큐로 저녁 식사를 했다. 황홀하게 빛나는 일몰을 보며 돌아오는 완벽한 일정이었다. 특히 바다 잠겨 일렁이는 붉은 빛의 태양은 마치 한 폭의 유화를 보는 듯한 착각이 들 정도였다.

[맛집] 지금, 파타야를 즐기려면 여기

센트럴 페스티벌 파타야 야시장

파타야는 아무래도 방콕보다 물가가 비싸고 특별히 현지의 진짜 맛집이라고 할 만한 곳이 많지 않은 편이다. 그래서 나는 주로 호텔에서 식사를 하기도 하고, 풀빌라 리조트 중에는 바비큐를 할 수 있는 곳도 있어서 직접 고기나 새우를 사다가 구워 먹으면서 즐기기도 했다. 그 외에는 힐튼 호텔이 있는 중심가의 쇼핑몰인 센트럴 페스티

센트럴 페스티벌 파타야 야시장 Central Festival Pattaya
333/99 หมู่ที่ 9 ตำบล Bang Lamung District, Chon Buri 20150
하드락 호텔에서 도보로 약 10분
+6633003999

벌 파타야 1층에 가면 저녁에 야시장처럼 길거리 음식을 판매하는데, 간단히 이것저것 사 먹는 재미가 쏠쏠하다.

3 머메이드 카페

현지에 살고 계신 분의 추천으로 가게 되었는데, 파타야에 이런 곳이 있었나 싶을 정도로 감동적이었다. 언덕에 위치하고 있어서 아래로 푸른 바다가 시원하게 펼쳐지는 뷰는 물론이고, 마치 새 둥지

3 머메이드 3 Mermaids
286/5 Kasetsin 11 Alley, **หนองปรือ** Bang Lamung District, Chon Buri 20150
코지 비치에서 도보로 5분
+66985160227

몽창 카페 Mongchang Cafe
WW7Q+4JF, Unnamed Road, Pattaya City, Bang Lamung District, Chon Buri 20150
3 머메이드 카페에서 차로 30분
+66 65 692 4291

처럼 생긴 자리부터 그물 해먹까지 멋진 자리에서 인생 샷을 남기기에도 최고다. 내부에 작게 수영장이 있어서 플로팅으로 음식을 먹을 수도 있다. 말 그대로 인스타 핫플레이스라고 할 수 있는 분위기에 음료나 디저트 등 메뉴의 컬러감도 놓치지 않았다. 따로 입장료가 없어서 더 합리적이지만, 워낙 인기가 많다 보니 되도록 오픈하는 시간에 맞춰 이르게 입장하는 것을 추천한다.

몽창 카페

파타야에서 최근 굉장히 핫한 카페다. 코끼리를 보면서 식사할 수 있는 카페인데 사진을 찍을 만한 이국적인 감성의 스폿도 많다. 입장할 때 바나나를 구매해서 직접 코끼리에게 건네줄 수도 있다. 코끼리뿐 아니라 원숭이도 자유롭게 돌아다니고 화려한 트랜스젠더 쇼도 펼쳐진다. 음료와 쏨땀 등 다양한 메뉴를 판매하는데 음식의 맛보다는 볼거리가 많아 즐거운 곳이다.

타피아 수상 카페

원래는 수상 카페가 아니라 해양 스포츠를 했던 곳인데 코로나19 이후로 관광객이 줄어들면서 카페로 바꾸어 운영하기 시작했다고

타피아 수상 카페 Tappia Floating Cafe
ถนน พัทยาใต้ Pattaya City, Bang Lamung District, Chon Buri 20150 태국
발리하이 선착장 1번 피어에서 보트로 이동

동원각
파타야 Bang Lamung District, Chon Buri 20150
원 파티오 호텔에서 도보로 2분
+66 38 195 627

한다. 발리하이 선착장 1번 피어에서 입장권을 끊고 보트를 타면 수상 카페에 들어갈 수 있으며, 입장권에는 칵테일 한 잔 값이 포함되어 있다. 사방으로 바다가 펼쳐진 수상 카페에서 빈백에 누워 바다를 바라보아도 좋고, 그네를 타거나 낚시하는 사람도 보인다. 휴양지 분위기를 물씬 느끼며 바다 위에서 칵테일 한 잔 하기에 딱 좋은 유니크한 장소다.

동원각

해외에 오래 머물다 보면 매콤 칼칼한 음식이 유독 생각나는 날이 있다. 한인타운 안에 있는 동원각은 중화요리 전문점으로 짜장면부터 탕수육, 마파두부 등 다양한 중식 메뉴가 있지만 특히나 칼칼한 짬뽕 국물이 일품이다.

방콕

방콕은 비교적 저렴하게 도심 속의 호캉스를 즐길 수 있는 곳으로도 유명하지만, 찬란한 문화유산과 로컬 맛집, 정겨운 야시장과 저렴한 마사지까지 바쁘게 보고 먹고 즐기기만 해도 시간이 부족한 도시다. 이국적이면서도 친근한 매력이 있어 방콕을 항상 마음속

여행지 1순위로 사랑하는 분들도 많을 것이다. 여러 번 방문해도 어떤 시기에 어떤 방식으로 즐기느냐에 따라 방콕은 저렴한 예산으로 다양한 문화를 경험할 수도 있고, 또 화려한 미식과 호화의 끝판왕을 누려 볼 수도 있다.

호텔 도심에서 즐기는 호캉스

콘래드 방콕

여행자들이 장기 투숙을 할 때는 아무래도 레지던스나 콘도를 알아보는 경우가 많은데, 방콕 호텔은 최근 들어서 더욱 저렴해졌다. 심

콘래드 방콕 Conrad Bangkok
87/3 Witthayu Rd, Lumphini, Pathum Wan, Bangkok 10330 태국
플런칫 BTS 역에서 도보로 10분, 무료 셔틀 운행
+66 2 690 9999

지어 최근에 내가 머물렀던 콘래드 방콕에서는 서울의 3분의 1도 안 되는 가격에 호캉스를 즐길 수 있었다. 이곳은 하드웨어가 오래 되기는 했지만 팬데믹을 거치면서 오래된 리조트들이 전반적으로 전부 리모델링되었기 때문에 콘래드 또한 지금은 컨디션이 매우 좋아졌다. 물론 도심에 있다 보니 수영장은 파타야에 비해 아쉽지만, 코너룸을 예약하면 욕조에서 창밖의 경관을 볼 수 있고 특히 라운지 음식이 너무나 훌륭해서 기억에 남는다. 계란 지단에 싸 주는 팟타이는 지금도 생각날 정도로 고급스러운 맛이었다. 콘래드 방콕은 바로 스타벅스로 이어지기도 해서 커피를 즐기는 우리나라 사람들에게 더 편리하다.

밀레니엄 힐튼 방콕

차오프라야(Chao Phraya)강가에 위치한 밀레니엄 힐튼 방콕에 꼭 한번 가 봐야 하는 가장 큰 이유는 형용할 수 없는 멋진 뷰가 있기 때문이다. 룸에서 바라보는 차오프라야강 시티 뷰도 너무나 감동적일뿐더러 루프탑에 올라가면 한층 더 멋진 야경을 만나볼 수 있다. 루프탑에 '쓰리 식스티(Three Sixty)'라는 유명한 바가 있는데, 그 바로 옆에 칸막이를 두고 라운지가 위치해 있으니 더 이상 무슨 설명이 필요하랴. 더불어 해 질 무렵에는 일몰을 감상할 수 있는 셔틀 보트를 타 보는 것을 추천한다. 일몰에서 뿜어져 나오는 화려한 금빛과 차오프라야강이 어우러진 마법 같은 시간을 누릴 수 있다.

밀레니엄 힐튼 방콕 Millennium Hilton Bangkok
123 Charoen Nakhon Rd, Khlong Ton Sai, Khlong San,
Bangkok 10600
차오프라야강 강변에 위치
+66 2 442 2000

코트야드 바이 메리어트 방콕 Courtyard by Marriott Bangkok
155, 1 Soi Mahadlekluang 1, Lumphini, Khet Pathum Wan,
Bangkok 10330
랏차담리 BTS 역에서 도보로 5분
+66 2 690 1888

코트야드 바이 메리어트 방콕

코트야드 바이 메리어트 호텔은 시티 투어를 하기 편리한 위치에 있어서 주요 관광지로 이동하기에도 좋고, 특히 새로 리모델링을 해서 묵은 때를 다 벗겨내 깔끔함을 자랑한다. 컨디션이 좋은 편이면서 가격도 착한 편이라 가성비 좋은 장기 숙박으로 추천한다.

[관광] 역사와 문화가 담긴 볼거리

방콕 왕궁

방콕 왕궁은 총 면적이 $218,400m^2$에 이르는 장대한 규모를 자랑하는데, 라마 1세가 1782년에 수도를 옮기면서 처음 지어진 곳이라고 한다. 일단 복장 규정이 있기 때문에 민소매와 짧은 반바지는 피하고, 혹시라도 모르고 왔다면 코끼리 바지를 사서 입어야 한다. 그 후

TIP

호텔 예약 시 참고하자

가성비 좋은 호텔로 많이 알려진 노보텔 스쿰빗 포(Novotel Sukhumvit 4)는 막상 가 보면 바로 앞에 유흥가가 있다. 객실은 괜찮지만 호텔을 오가려면 타워처럼 큰 규모로 밀집한 유흥가를 지나다녀야 하기 때문에 가족끼리 방문할 때는 곤란할 수 있으니 참고하자.

방콕 왕궁 Grand Palace
Na Phra Lan Rd, Phra Borom Maha Ratchawang, Phra Nakhon, Bangkok 10200
코트야드 바이 메리어트에서 차로 30분

티켓 오피스에 가서 600바트에 입장권을 구매하고 들어갈 수 있다. 왕궁에는 국왕의 공식적인 관저이자 집무실 등도 있지만 메인은 역시 왓 프라깨우(Wat Phra Kaew)라고 불리는 에메랄드 사원이다. 태국에서 가장 신성하게 여겨지는 사원이자 호화롭기로 유명한 장소이기도 하다. 2년 전에 왔을 때만 해도 패키지 관광객이 많아 복작복작한 곳이었는데, 최근에는 관광객이 줄어들어 사원의 고즈넉한

카오산 로드 Khaosan Road
Khwaeng Talat Yot, Khet Phra Nakhon, Krung Thep Maha Nakhon 10200
방콕 왕궁에서 차로 10분

아름다움이 더 와닿았다. 현지 물가에 비해 입장료가 다소 비싸게 느껴질 수 있지만 막상 가 보면 그 값을 톡톡히 하는 장소다.

카오산 로드

배낭 여행자들의 천국이라 불리는 카오산 로드는 방콕의 여행자라면 누구나 한 번쯤 찾게 되는 곳이다. 저렴하고 다양한 먹거리로 한 끼를 해결할 수도 있고, 정신없는 호객 속에서 북적거리는 여행자들의 에너지를 느낄 수 있는 곳이기도 했다. 하지만 최근 코로나19의 직격탄을 가장 심하게 맞은 곳이라고 해도 과언이 아니다. 문을 연 곳이 20%도 채 되지 않고, 맥도날드는 두 군데가 모두 문을 닫았다. 정신없이 호객 행위를 하던 조조 팟타이(JoJo Padthai)도 없어지고, 텅빈 거리에 노랫소리만 요란하게 울려퍼지고 있었다. 시간이 걸리겠지만 조금씩 회복하고 일상으로 돌아오면, 다시 활기 넘치는 여행자들의 거리를 만날 수 있을 거라고 믿는다.

아시아티크

차오프라야 강가에 위치한 아시아티크는 비교적 현대적이고 깔끔한 쇼핑가를 돌아보며 기념품을 사기에도 좋고, 특히 저녁에 가면 로맨틱한 야경을 감상할 수 있는 곳이다. 커다란 관람차는 눈으로만 즐겨도 좋지만 직접 타서 차오프라야강의 야경을 내려다보는 것도 특별한 추억이 될 것이다.

아시아티크 Asiatique
2194 Charoen Krung Rd, Wat Phraya Krai, Bang Kho Laem, Bangkok 10120
카오산 로드에서 차로 25분
+66 92 246 0812

짜뚜짝 시장

꼭 뭔가를 사지 않더라도 시장 구경은 현지 분위기를 물씬 느낄 수 있어 항상 즐겁고 흥미롭다. 의류부터 골동품, 잡화, 인테리어 용품, 도자기, 책까지 온갖 다양한 물건이 가득하다. 무엇보다 다른 관광지보다 가격이 저렴하기 때문에 간단한 기념품을 사기도 좋고, 돌아보면서 궁금한 길거리 음식만 즐겨도 시간이 금방 간다. 시장 내의 가게가 주말에만 문을 여는 곳이 많아서 이왕이면 주말에 가는 것이 좋다.

짜뚜짝 시장 Chatuchak
587/10 Kamphaeng Phet 2 Rd, Chatuchak, Bangkok 10900
아시아티크에서 차로 30분

| 차오프라야 프린세스 크루즈

[투어] 우리가 미처 몰랐던 방콕

리버 크루즈

한 달쯤 태국에 머물다 보니 웬만한 것은 다 한 것 같은데 아직 못해 본 것이 하나 있었다. 바로 로맨틱 디너 크루즈! 직접 가서 티켓을 사도 되지만 클룩(Klook) 등의 예약 사이트로 미리 날짜를 지정하면 좋은 자리를 받을 수 있을 뿐 아니라 할인되는 프로모션도 체크해

| 크루즈에서 바라본 야경

볼 수 있다. 차오프라야강에서 저녁에 진행되는데 크루즈의 종류도 다양하다. 나는 가장 고급스러운 차오프라야 프린세스 크루즈로 결정했다. 약 2시간 동안 배를 타고 방콕의 랜드마크를 돌아보면서 뷔페에서 다양한 요리도 즐길 수 있는 코스다.

크루즈 뷔페는 사진으로 봤을 때도 좋아 보였는데, 실제로 가 보니 눈이 휘둥그레질 정도였다. 대하보다 훨씬 큰 새우가 메인으로 떡

하니 자리 잡고 있고 그린 홍합과 커다란 스테이크까지 메인부터 충분히 알차다. 방콕에 일본인이 많아서 그런지 전반적으로 스시 퀄리티가 높다는 느낌을 받았는데, 이곳 뷔페도 생연어에 다양한 종류의 스시가 훌륭하게 준비되어 있었다. 1층과 2층의 음식은 모두 동일하고 라이브 뮤직을 들으면서 맛있는 음식을 즐길 수 있다.

크루즈가 진행되는 두 시간 중 한 시간 정도는 식사를 하고, 그 후에는 바깥에서 멋진 야경을 즐기면 딱이다. 유명한 랜드마크인 왕궁과 왓아룬(Wat Arun) 사원, 그리고 아시아티크까지 한 바퀴를 돌아가는 코스로 이루어져 있다. 식사뿐 아니라 멋진 크루즈에서 음악도 듣고 야경도 보고, 화려한 '아이콘시암(ICONSIAM)'의 분수쇼도 구경하며 로맨틱한 시간을 보낼 수 있었다. 관광객이 적은 요즘 시기에도 평일에 좌석의 절반 이상이 찰 만큼 여전히 인기가 높다. 사실 큰 기대 없이 갔는데도 훨씬 만족했던 프로그램이었다. 소중한 사람과의 시간을 더욱 특별하게 만드는 데 충분한 코스다.

태국 골프 여행, 칸차나부리

따뜻한 태국에서 골프 여행을 계획하는 분들은 방콕에서 95km 정도 떨어져 있고 차로는 4시간 정도 걸리는 칸차나부리에 방문해 보는 것도 좋다. 공기 좋고 물 맑은 시골 느낌이라 한 달씩 머무는 장기 여행자들도 많은 곳이다. 동남아는 항상 여름일 거라고 생각하

| 칸차나부리 골프장

지만, 저녁에는 긴팔을 입어야 할 정도로 선선하다. 특히나 칸차나부리는 해발고도가 800m이기 때문에 다른 지역에 비해서도 다소 기온이 낮아서, 오후에도 라운딩을 돌기에 최적이다.

나는 그린월드 핫스프링 골프 리조트(Greenworld hotspring Hotel Resort and Golf Club)에 머물렀는데, 태국에서도 특히 정원을 예쁘

그린월드 핫스프링 호텔 리조트 앤 골프 클럽 Greenworld Hotspring Hotel Resort and Golf Club
127 Moo 5 Hin Dat, Thong Pha Phum, Thing Pha Phum, Kanchanaburi 71180
방콕 시내에서 차로 4시간
+66 34 685 843

게 잘 가꿔 놓은 곳으로 입소문이 난 곳이다. 창밖을 바라보면 동화 같은 풍경이 병풍처럼 펼쳐진다. 콰이강(Kwai River)의 다리 앞에 위치하고 있는데, 1번 홀은 특이하게도 그 강을 넘기는 지형으로 되어있다. 15번 홀은 세계에서 가장 아름다운 100개의 홀에 무려 두 번이나 선정되기도 했다고 한다. 종종 홀인원이 나오기도 한다는데, 어쩌면 평생 잊을 수 없는 경험을 선사해 줄지도 모르겠다. 회원권으로 운영되며 성수기에는 최소 6개월 전에 예약해야 갈 수 있었다고 하나, 최근 방문객이 줄어 과거보다는 수월해졌을 수도 있다. 삼시세끼가 한식으로 제공되고 메뉴도 다양해서 해외 여행에서 한식이 아니면 힘든 분들에게는 더욱 추천하는 리조트다.

리조트에서 걸어서 15분 정도, 차를 타면 5분밖에 걸리지 않는 곳에 자연적으로 뿜어져 나오는 온천이 있다. 동남아에서 웬 온천인가 싶을 수 있지만 여기가 유명한 핫스프링 지역이라고 한다. 리조트에서 아침저녁으로 차를 태워 주기 때문에 원하는 시간에 편하게 다녀올 수 있다. 뜨끈하게 온천에서 몸을 지지고, 바로 옆에 있는 차가운 계곡물도 번갈아 즐기면 여기가 바로 천국이다. 이 지역은 지하수가 깨끗해서 수질도 좋다고 한다.

이곳에서 최소 한 달, 길게는 3개월까지 장박하는 방문객들이 많았다. 아침을 먹고 라운딩을 돌고, 점심 후에는 룸에서 마사지를 받고,

저녁을 먹은 뒤에는 온천까지, 그야말로 지상 낙원이 따로 없을 것이다.

맛집 고급 미식과 현지의 맛

엘리먼츠 레스토랑

미식의 나라 태국! 그중에서도 비즈니스의 중심이자 가장 발달된 도시가 바로 방콕이다. 그만큼 다양한 먹거리들도 많은데, 시장이나 길거리 음식을 즐겨 보는 것도 좋지만 하루쯤은 한껏 기분을 내

며 최고급 파인다이닝을 접해 보는 것도 멋진 경험이다. 방콕에서도 상업의 중심인 수쿰빗 지역은 우리나라의 강남처럼 느껴질 만큼 번화한 곳인데, 특히 이렇게 아름다운 곳이 숨겨져 있었나 싶을 만큼 놀라웠던 곳이 바로 더 오쿠라 프레스티지 방콕 호텔(The Okura Prestige Bankok Hotel)이었다. 바로 이 호텔 내에 미슐랭을 3년 연속으로 받아 유명해진 엘리먼츠 레스토랑이 있다.

사실 관광객에게 유명한 곳은 아니지만 미식에 관심이 있는 사람들

엘리먼츠 레스토랑 Elements, Inspired by Ciel Bleu
57 Witthayu Rd, Khwaeng Lumphini, Khet Pathum Wan, Krung Thep Maha Nakhon 10330
더 오쿠라 프레스티지 방콕 호텔 내 위치
+66 2 687 9000

은 일부러라도 한 번쯤 들러볼 만한 곳이다. '더 오쿠라 프레스티지 방콕 호텔'이라는 이름만 들어도 짐작할 수 있듯이 레스토랑도 일본 브랜드라서, 내부 중앙에 있는 단풍나무나 인테리어 등에서 살짝 일본식의 느낌이 난다. 화려한 야경을 감상하면서 일식과 프렌치가 절묘하게 섞인 고급 코스 요리를 즐길 수 있다. 특히나 노을이 지는 시간에 맞춰서 가면 정말 로맨틱하고 황홀한 뷰를 감상할 수 있다.

사실 이 레스토랑에서는 조금 부끄러운 에피소드가 하나 있다. 지인 분이 대접해 주기로 하셔서 평소와 다름없이 편한 티셔츠와 반바지를 입고 갔는데 드레스 코드가 맞지 않아 입구에서 제지당한 것이다. 다행히 지인 분이 단골이라 일단 입장하기는 했는데, 확실히 캐주얼한 의상보다는 좀 더 격식 있는 의상을 입고 즐기면 좋을 만한 분위기였다.

내가 먹은 코스 가격은 4,200바트로 우리나라 환율로는 약 20만 원 정도였다. 음식 하나하나가 마치 예술 작품처럼 아름답고 섬세해서 먹기 아까울 정도였다. 식전 빵부터 나의 인생 빵이 될 정도로 훌륭했고, 함께 제공된 버터는 미소(일본식 된장)가 들어갔다고 해서 의아했는데 막상 먹어보니 맛있어서 두 개나 먹어버렸다. 특히 가장 놀라웠던 것은 이름하여 '쉐프의 가든'이라는 디저트였다. 누가 봐도 정말 까만 돌처럼 생겼는데, 톡톡 깨보면 초콜렛 크림과 아이스크림 같은 게 들어있다. 얼마나 디테일에 신경을 썼는지, 3년 연속 미슐랭을 받은 데에는 이유가 있구나 싶었다.

사실 여행의 꽃은 바로 먹거리가 아닐까? 방콕 여행을 하다 보면 다양한 음식의 스펙트럼 덕분에 매 끼니가 즐겁고 한편으로는 식사를 마치기 아쉬워진다. 값이 싸고 비싼 것과 상관없이 각각의 매력이 있기 때문에 방콕이라는 도시가 더 즐겁고 풍성해지는 듯하다. 시장에서 길거리 음식을 먹어 보는 것도 좋지만, 특별한 날에는 고급스러운 장소에서 눈으로 먹는 예술 작품을 경험해 보는 것도 오랫동안 추억할 수 있는 값진 시간이 되어 줄 것이다.

아이콘시암의 현지 음식

태국 여행의 즐거움에서 빠질 수 없는 것이 바로 현지의 다양한 길거리 음식이다. 태국의 길거리 음식이라고 하면 보통 복잡한 시장을 떠올리다 보니 위생 면에서 걱정되는 부분도 있는데, 최근에는 '아이콘시암'이라는 깨끗하고 청결한 환경에서 현지의 다양한 음

아이콘시암 ICONSIAM
299 Charoen Nakhon Rd, Khlong Ton Sai, Khlong San, Bangkok 10600
밀레니엄 힐튼 방콕에서 도보로 5분
+66 2 495 7080

식들을 즐길 수 있는 곳이 생겼다. 궁금했던 망고밥은 생각보다 먹을 만해서 깜짝 놀랐고, TV 프로그램 '스트리트 푸드 파이터'에서 백종원 선생님이 먹었던 족발 덮밥도 먹어볼 수 있다. 가격은 대체로 50바트(한화 약 1,900원)에서 100바트(한화 약 3,800원) 정도로 매우 저렴하다.

차이나타운

차이나타운은 현지에서 야왈랏(Yaowarat)이라고도 부른다. 카오산

| 차이나 타운 China town/Yaowarat
| Plaeng Nam Rd, Samphanthawong, Bangkok
| 아이콘시암에서 차로 25분

로드와 비슷한 듯하면서도, 관광객보다 현지인이 더 많은 편이고 중국과 태국이 어우러져 이국적이면서도 강렬한 분위기를 풍긴다. 차이나타운에서 '스트리트 푸드 파이터' 방콕편에 나온 루트를 따라 맛집 탐방을 해보는 건 어떨까? 미슐랭 별을 받은 돼지 국수, 울면 스타일의 특이한 랏나 등 다양한 맛집이 가득하다.

마사지/쇼핑 **완벽한 여행의 마무리**

원모어타이 마사지

보통 호텔에도 마사지를 받을 수 있는 스파숍이 들어가 있지만 아무래도 가격대가 높은 편이라 부담스럽다. 나는 클룩(Klook)이라는 예약 사이트에서 미리 다양한 숍의 후기와 프로모션을 살펴보고 '원모어타이(One more Thai)'를 미리 예약한 뒤 방문했다. 코로나

> **TIP**
> **트래픽 고려해서 이동하기**
>
> 우리나라 강남도 차가 많이 막히지만 방콕은 세계 1위로 차가 많이 막히는 곳이라고 한다. 심지어 지인은 10분 거리를 2시간 넘게 걸려서 간 적도 있다고 한다. 특히 비가 오는 날이나 오후 5시 이후 퇴근 시간부터는 정체가 심하니 공항까지 이동할 시간을 고려해서 최대한 움직여야 한다.

원모어타이 One more Thai
993 Phloen Chit Rd, Khwaeng Lumphini, Khet Pathum Wan, Bangkok 10330
차이나타운에서 차로 30분
+66 2 053 6168

선물 같은 하루가 되어 준 동남아 한 달 살기

19로 관광객이 줄어들다 보니 마사지사도 줄어들었는데, 그 와중에 실력이 좋은 분들만 남았는지 여태껏 경험하지 못했던 신세계를 만나 볼 수 있어서 대만족이었다. 정신줄을 살짝 놓을 만큼 진정되는 느낌이랄까? 예약을 하지 않아도 되지만, 아무래도 예약을 하고 가면 업체 리뷰나 별점을 의식해서인지 더 신경 써주는 듯한 느낌이 있다. 또 시간에 맞춰 미리 세팅해 두기 때문에 기다릴 필요 없이 이용할 수 있다는 것도 장점이다.

코코 마사지 앤 스파

깔끔한 내부의 코코 마사지 앤 스파에는 다양한 스파 코스가 있고, 일반 룸 외에 친구나 커플끼리 왔다면 2인실을 예약할 수도 있다. 각각의 룸 안에 커다란 욕조와 샤워 시설도 붙어 있다. 만약 아이와 함께 방문하면 한 공간에서 기다릴 수 있도록 프라이빗 룸 하나를 제공해 준다고 한다. 특히나 사장님이 한국 분이셔서 궁금한 게 있으면 이것저것 친절하게 알려주신다.

2인 이상이면 어떤 코스를 이용하든 상관없이 공항 드롭 서비스를 이용할 수 있어서 여행 마지막날에 이용해도 좋다. 국제공항에서 차로 30분 거리에 있기 때문에 마지막날 호텔 체크아웃 후 들러서 마사지를 받고, 드롭 서비스를 이용해 공항에 도착하면 편리하다.

| 코코 마사지 앤 스파 KOKO MASSAGE & SPA
2F, KOKO Massage & Spa Bizzo Comunity Mall, 58/1 Soi Bang
Na-Trat 23, Neua, Bang Na, Bangkok 10260
공항에서 차로 30분
+6621171240

선물 같은 하루가 되어 준 동남아 한 달 살기

아이콘시암 ICONSIAM
299 Charoen Nakhon Rd, Khlong Ton Sai, Khlong San, Bangkok 10600
밀레니엄 힐튼 방콕에서 도보로 5분
+66 2 495 7080

방콕에서 가장 핫한 쇼핑몰 아이콘시암

아이콘시암은 방콕에서 가장 핫한 쇼핑몰이다. 밀레니엄 힐튼 호텔에서는 걸어서 5분이면 갈 수 있는 위치다. 초호화 명품부터 기념품까지 각종 쇼핑을 즐길 수 있고, 심지어 그 안에 수상시장도 있다. 꼭 뭔가 사지 않더라도 한 번은 들러 볼 만한데, 분수 쇼도 화려하고 스타벅스에서 내려다보는 야경도 정말 환상적이다.

베트남

VIETNAM, Cộng hòa xã hội chủ nghĩa Việt Nam

우리나라 사람들이 가장 많이 여행을 가는 국가가 바로 베트남이 아닐까 싶다. 수치를 찾아봐도 베트남에 대한 검색량이 압도적이다. 실제로 항공편도 굉장히 많은데, 대표적으로 코로나 이전에는 인천에서 다낭을 가는 항공편이 무려 45개나 되었고 다낭에 상주하는 인원은 2만여 명이었다고 한다. 베트남은 지도를 보면 남쪽에서 북쪽까지 비행기로 2시간 반 정도 걸릴 만큼 길게 뻗어 있는 지형이라 도시마다 분위기가 다르고 식문화나 볼거리도 다양하다. 한 달 살기를 한다면 도시별로 다른 여행 스타일로 각각 새로운 재미를 느껴 볼 수 있을 것이다.

환율

1000원 = 약 17,000동(VND)

날씨

남쪽과 북쪽은 기후도 다르고 우기와 건기도 다르기 때문에 미리 날씨를 확인하고 가는 것이 필수다. 한 달 동안 베트남을 쭉 돌아본다면 여름 옷부터 얇은 가디건까지 챙겨가는 것이 좋다. 베트남 북쪽의 하노이는 4~6월, 10~11월이 한국의 초여름과 비슷하게 가장 따뜻하고 건조한 날씨다. 다낭과 호이안이 있는 베트남 중부는 4~9월이 건기인데 6, 7월은 정말 덥기 때문에 우리나라의 늦은 봄 정도의 날씨인 3, 4월이나 10월에 여행하기 좋다. 베트남 남쪽의 호치

민은 1~3월 사이가 건기로 초여름 날씨다. 하지만 덜 덥다고 해도 베트남은 1년 내내 대체로 덥고 습하다는 것은 감안해야 한다.

여행 일정 추천

하노이 5일 > 다낭/호이안 10일 > 나트랑 5일 > 호치민(푸꾸옥) 10일

베트남 한 달 살기를 한다면 북쪽의 하노이로 들어가서 중간의 다낭과 호이안, 그리고 나트랑을 거쳐 남쪽에 있는 호치민으로 내려가며 여행하는 것을 추천한다. 더불어 푸꾸옥은 호치민에서 비행기로 한 시간 정도 거리인데, 요즘 인기 있는 지역이기도 하니 호치민에 간다면 푸꾸옥도 같이 들러 보면 좋

다. 하노이는 5일 정도, 다낭과 호이안은 10일 정도, 나트랑은 5일, 호치민과 푸꾸옥에서는 10일 정도 일정이면 충분히 즐길 수 있다.

Test)를 받아야 한다. 가까운 병원을 이용하거나 미리 여행사로 예약해서 호텔로 출장 서비스를 부르는 방법도 있다.

귀국 24시간 전 신속항원검사

귀국 하루 전에 RAT(Rapid Antigen

하노이

베트남의 수도 하노이는 호치민 다음으로 큰 도시다. 프랑스 식민지 시절의 문화가 남아 있어 동서양이 어우러진 독특한 문화 유산들을 만나볼 수 있는 곳이다. 나는 베트남 하노이에서 몇 달 동안 회사를 다닌 적이 있어서, 주말에는 근교로도 자주 여행을 가곤 했다. 여기저기 가 본 결과 하노이에서는 꼭 가야 할 알짜배기 장소들이 정해져 있기 때문에 오히려 여행 코스를 짜기 쉬운 편이고, 5일 정도 머물면 충분히 둘러볼 수 있다.

[호텔] 관광하기 좋은 위치의 하노이 호텔

힐튼 가든 인 하노이

하노이는 다른 베트남 지역에 비해 호텔이 비싼 편이라 호캉스를

힐튼 가든 인 하노이 Hilton Garden Inn Hanoi
20 P. Phan Chu Trinh, Phan Chu Trinh, Hoàn Kiếm, Hà Nội,
노이바이 국제공항에서 차로 45분
+84 24 3944 9396

할 만한 곳은 아니지만, 수도답게 북적이는 분위기와 활발한 에너지를 느낄 수 있는 곳이다. 힐튼 가든 인은 하노이 중심가를 걸어서 관광하기 좋은 위치에 있다. 오페라 힐튼은 5성급인데, 하노이에 있는 힐튼 가든 인은 4성급의 비즈니스 호텔 정도를 생각하면 된다. 뷰가 없어서 조금 답답하고 전반적으로 건물이 노후했지만 특별히 나쁘진 않고 무난한 정도다. 조식 포함이 아니더라도 조금 걸어나가면 유명한 쌀국수 가게가 많다. 주변에 회사나 금융 건물이 많다 보니 가까운 곳에 카페도 많은데, 커피빈 같은 프렌차이즈 카페도 우리나라의 반값 정도의 가격이라 부담없이 즐기기 좋다.

인터컨티넨탈 하노이 웨스트레이크

하노이에는 호수가 상당히 많은데, 인공 호수도 많아서 그 개수를 다 세기 어려울 정도다. 그중 서호라고 하는 커다란 호숫가에 인터컨티넨탈 호텔이 위치해 있다. 하노이는 동남아라고는 해도 바다가 보이는 멋진 휴양지보다는 완전히 도시에 가까운 모습이기 때문에, 리조트에서 호캉스 기분을 낼 수 있는 얼마 안 되는 곳 중에 하나가 바로 이곳이다. 다른 호텔에 비해 비싼 편이긴 하지만 그래도 한국에 비하면 저렴하고, 무엇보다 호수를 제대로 느끼기에 이만한 곳이 없다. 특히 호수 위에 방갈로 스타일로 지어져 있는 룸을 선택할 수도 있다는 것이 매우 독특하다. 물론 평범한 빌딩 스타일의 룸도 있지만, 이곳에서 묵는다면 꼭 호수 위에 지어진 방을 선택해 보시

인터컨티넨탈 하노이 웨스트레이크 InterContinental Hanoi Westlake
05 P. Từ Hoa, Quảng An, Tây Hồ, Hà Nội,
노이바이 국제공항에서 차로 30분
+84 24 6270 8888

기를 추천한다. 테라스로 나가서 멋진 호수 뷰를 가까이에서 바라보면 그 특유의 분위기가 시선을 사로잡는다. 호수를 바라보며 아침 식사를 하고, 1인 1만 원 정도로 즐길 수 있는 애프터눈 티 세트를 주문해 보는 것도 멋진 뷰와 휴양지 기분을 누리는 데 좋은 선택이 될 것이다.

투어 하노이에서 꼭 봐야 할 알짜배기 코스

하롱베이 1박 2일 크루즈

대한항공의 광고에도 나왔던 하롱베이는 멋진 자연경관이 유명해서 유네스코에서 세계자연유산으로도 지정된 곳이다. 광고에서 봤을 때도 멋지지만 실제로 가 보면 360도로 펼쳐지는 풍경이 주는 감동이 화면과는 비교가 안 될 정도다. 몇 년 전만 하더라도 왕복 8시간을 걸쳐 이동해야 했는데, 지금은 고속도로가 뚫려서 2시간이면 갈 수 있어 그만큼 더 오래 즐길 수 있게 됐다. 가끔 저렴한 현지 투어 프로그램은 고속도로 통행료를 아끼기 위해 국도로 돌아가는 곳이 있으니, 고속도로를 타고 가는지 미리 꼭 확인하고 신청하는 것

이 좋다.

대부분 하롱베이는 당일 코스로 배를 타고 한 바퀴 돌아보는 일정을 택하는 경우가 많은데, 세계적인 관광지 중 하나다 보니 대략 400척이 넘는 배가 운항한다고 한다. 대부분의 시간을 배에서 감상해야 하니 그중 어떤 배를 타는지도 중요한 포인트다. 배를 타고 당일 코스로 돌아봐도 충분히 좋지만, 일정에 여유가 있다면 1박 2일 크루즈를 즐겨 보는 것도 한층 여유롭고 특별한 경험이 된다.

크루즈는 종류에 따라 가격이 천차만별이다. 5스타는 1인당 1박에 20만 원 정도로 비싼 편인데, 그래도 세 끼 식사와 투어, 숙소가 포함인 걸 생각하면 나쁘지 않다. 특히 어린아이가 있어서 오래 걸어 다니며 관광하기 어려울 때는 이동도 최소화하고 레스토랑도 지정석에서 편하게 이용할 수 있으니 이것저것 고민할 필요 없이 편리하게 이용할 수 있다는 것도 장점이다.

아침은 뷔페식으로 가볍게 제공되고, 점심과 저녁은 시간에 맞춰 다양한 코스 요리가 나온다. 베트남 전통식부터 서양식까지 다양하게 섞여 나오는데 나는 특히 해산물과 조개가 맛있어서 만족스럽게 먹었고, 추가로 주문한 망고 주스도 훌륭했다.

하롱베이는 바다라고 해도 섬이 많아서 호수처럼 잔잔하기 때문에 배 사이즈가 아담한 편이지만 룸 컨디션은 상당히 좋았다. 방이 넓고 방마다 큰 화장실에 월풀 욕조까지 있었다. 방에서든 레스토랑에서든 창 밖으로는 산수화 같은 하롱베이 전경이 펼쳐지고 있으니 호텔 뷰와는 비교할 수가 없다. 배를 보고 하롱베이를 둘러보는 것 외에도 크루즈에 알찬 프로그램이 포함되어 있어 심심할 틈이 없다. 석회로 만들어진 승솟 동굴(Sung Sot Cave)은 베트남어로 '놀라운 동굴'이라는 뜻인데, 그 이름처럼 자연이 빚어낸 놀라운 풍경을 만나볼 수 있다. 모양도 크기도 다양한 종

유석과 석주가 매달려 있는 모습은 자연 앞에 겸허함과 황홀감을 안겨 준다.

대나무 배와 카약을 타 보기도 하고, 미니 비치에도 들러서 자유 시간을 즐기고 나면 금방 저녁 식사 시간이 된다. 저녁 식사 후에는 쿠킹 클래스가 있어서 참여해 봤다. 스프링롤이라고 할 수 있는 '렘'이라는 음식을 만드는데 즉석에서 바삭하게 튀겨낸 그 맛이 또 기가 막히다. 그때쯤 해가 넘어가서 일몰을 바라보며 하루를 마무리하니 배도 부르고 마음도 풍족해진다. 다음 날 점심 식사 후 체크아

웃을 하면 크루즈 일정이 끝나는데, 마지막에는 2박 3일이었으면 좋았겠다 싶을 만큼 알찬 투어였다.

닌빈 투어

"절경이고요, 장관입니다. 신이 주신 선물이네요."

TV 프로그램 '짠내투어' 하노이 편에서 최고의 유행어를 만들어 낸 바로 그곳이 바로 닌빈이다. 닌빈은 육지의 하롱베이라고 불리는 남쪽의 작은 도시다. 처음에는 솔직히 굳이 여기까지 가야 하나 싶었는데, 막상 갔더니 석회암 지대를 훨씬 가깝게 볼 수 있어서 또 다

른 놀라움과 감동을 느낄 수 있었다. 거대한 수묵화가 펼쳐진 듯한 바다와 달리, 강으로 다가가니 가까워서 더 섬세하달까? 2,000개 이상의 석회암 섬으로 이루어진 곳이라서 바다인데도 호수처럼 잔잔하다. 하롱베이에 웅장한 압도감이 있다면 닌빈은 한층 섬세하고 가까운 자연의 면모를 만나볼 수 있는 곳이다.

닌빈 투어를 신청하면 출발 전에 유명한 염소 고기가 나오는 식사를 한다. 염소 고기는 쫄깃하면서도 독특한 식감이다. 이후 본격적으로 시작되는 투어는 작은 조각배를 타고 2시간 정도 유유자적 둘러보는 코스인데, 다양한 풍경이 파노라마처럼 지나간다. 파도 한

점 없는 잔잔한 호수 위를 지나가는 조각배가 한 폭의 그림을 완성하는 듯하다. 총 4개의 동굴을 지나는 코스 중에서 첫 번째 동굴은 무려 1킬로미터나 된다. 태초 그대로인 듯한 자연을 가장 가까이에서 둘러볼 수 있는 코스, 갈까 말까 망설여진다면 무조건 한 번쯤 가 보시라고 추천하고 싶다. 개인적으로는 '신이 주신 선물'이라는 말이 아깝지 않을 만큼, 하롱베이보다도 훨씬 마음을 울리는 코스였다.

맛집 분짜의 본고장에서 즐기는 미식

분짜 흐엉리엔(오바마 분짜)

하노이에서 분짜는 거의 주식 수준으로 자주 먹게 되는 음식이다. 사실 분짜의 본고장이 하노이인 만큼 이 동네의 분짜는 웬만하면 다 맛있고, 그랩으로 배달시켜도 어느 곳이나 최고의 맛을 느낄 수 있기 때문에 꼭 먹어 보는 것을 추천한다. 그중 '흐엉리엔'은 사실 맛집으로 유명하기보다 오바마 대통령이 다녀간 후에 엄청나게 유명세를 탄 곳이다. 벽에는 액자 사진도 여러 장 붙어 있고, 대통령이 앉았던 자리는 유리막으로 되어 있을 만큼 성지의 느낌도 강하다. 분짜집에 가면 나는 주로 신선한 야채와 넉넉한 쌀면, 그리고 스프링롤인 렘을 주문한다. 숯불에 구워서 불향 가득한 고기를 느억맘

분짜 흐엉리엔 Bun cha Huong Lien
24 Lê Văn Hưu, Phan Chu Trinh, Hai Bà Trưng, Hà Nội,
+84 24 3943 4106

소스에 담가 먹으면 달달하면서도 매력적인 최고의 맛이다. 바삭바삭한 렘도 소스에 푹 담가서 먹어보면 또 다른 촉촉한 맛을 즐길 수 있다. 거기에 시원한 맥주 비아 하노이(Bia Hanoi)와 함께하면 비싸고 고급진 음식도 부럽지 않다.

롯데호텔 루프탑바, 탑 오브 하노이

하노이에 왔다면 한국인들은 아무래도 익숙한 롯데호텔에 숙박을 하는 경우가 많다. 하노이 중심가에 위치한 롯데호텔에 숙소를 잡는 것도 물론 좋지만, 꼭 숙박을 하지 않더라도 루프탑 바에는 꼭 방문해 봐야 한다. 우리나라의 63빌딩보다 무려 5층이나 더 높은 68

층의 건물에 루프탑 바라니! 여기가 하노이에서 가장 높은 루프탑 바이기도 하고, 정말 멋지고 로맨틱한 곳이다. 물론 베트남 물가 치고는 병맥주 한 병이 130만 동으로 상당히 비싼 편이지만, 한국에서 이 정도 멋진 전망을 볼 수 있는 루프탑 바를 방문하는 것과 비교해도 손색이 없다.

콩 카페

콩 카페는 지점이 많은데 베트남 여행을 하다 보면 꼭 한 번씩은 가

탑 오브 하노이 Top of HANOI
54 P. Liễu Giai, Ngọc Khánh, Ba Đình, Hà Nội
롯데호텔 탑층에 위치
+84 24 3333 1000

콩 카페 Cong Caphe
116 Cầu Gỗ, Hàng Trống, Hoàn Kiếm, Hà Nội
호안 끼엠 호수 앞에 위치
+84 91 181 1149

볼 만하다. 하노이에 콩 카페 지점이 여러 곳이 있지만 그중에서도 하노이의 명소 중 하나인 호안 끼엠 호수(Hoan Kiem Lake) 앞에 있는 지점에 가면 테라스에 앉아 호수를 바라보며 커피를 즐길 수 있다. 북적이는 하노이의 전망을 한 발짝 떨어져서 여유롭게 감상하는 기분이 든다. 특히 머리 끝까지 시원해지는 코코넛 커피를 한 잔 마시면 세상을 다 가진 듯 행복한 기분이 올라온다. 우리나라에도 코코넛 커피가 있지만, 판교에 있는 현대백화점에서 판매하는 코코넛 커피의 절반 가격이니 더 만족스럽다.

> **TIP**
> **택시 사기 주의**
>
> 택시를 타고 관광지를 돌아다닐 일이 많은 베트남에서는 그랩 택시 사기를 주의해야 한다. 주변에 서성이던 사람이 다가와서 휴대폰 그랩 앱의 기사 이름을 읽고 "이 기사를 찾느냐"고 물어보는 식인데, 그 사람은 내 폰에 있는 이름을 보고 기사 이름을 말하는 거지만 관광객 입장에서는 순간 "맞아요!" 하고 따라가게 될 수 있다. 관광지일수록 사기가 많을 수 있으니 낯선 사람은 일단 경계하는 게 좋다.

다낭

다낭은 몇 년 전부터 굉장히 핫한 가족 여행지이자 커플 여행지, 휴양지로 인기를 끌고 있다. 저렴한 물가에 고급스러운 리조트를 이용할 수 있고 음식도 맛있기 때문에 휴양을 즐기기에 더없이 좋은 곳이다. 은근히 다른 휴양지보다 할 것도 많고 볼 것도 많아서 짧은 여행으로 즐기기에는 생각보다 시간이 빠듯할 수 있다. 끝없는 바다가 길게 펼쳐진 해변부터 역사가 깃들어 있는 관광 명소도 가득하니 한 달 살기를 할 때 여유롭게 만끽하면 더없이 좋을 것이다.

[호텔] 도착 첫날 가성비부터 호캉스까지

라이즈마운트 프리미어 리조트 다낭
가성비 최고의 다낭 호텔 중 하나로, 시내 근처에 위치해 도착 첫날

라이즈마운트 프리미어 리조트 다낭 Risemount Premier Resort Đà Nẵng
120 Nguyễn Văn Thoại, Bắc Mỹ Phú, Ngũ Hành Sơn, Đà Nẵng 550000
다낭 국제공항에서 차로 15분
+84 23 6389 9999

저렴하게 묵어도 좋고 아예 한 달 살기를 해도 손색 없는 호텔이다. 한 달을 숙박해도 미국이나 유럽에서 일주일 정도 숙박하는 비용과 비슷한 수준이다. 예전에도 가성비가 좋기로 유명했지만, 코로나19 이후 리모델링을 완료해서 룸부터 수영장까지 더욱 깔끔하고 좋은 컨디션으로 만나볼 수 있게 되었다. 조식은 쌀국수부터 에그스테이션, 브레드 종류 등 다양하고 훌륭한 편이다. 특히나 화이트 톤의 산토리니 스타일로 지어진 독특한 건물의 인테리어도 여행의 기분을 한껏 살려 준다.

프리미어 빌리지 다낭 리조트 매니지드 바이 아코르

다낭의 5성급 리조트, 프리미어 빌리지 풀빌라는 진정한 휴양을 위

한 공간일 뿐만 아니라 다낭 국제공항에서 불과 20분 거리로 접근성도 매우 좋다. 넓은 정원을 한 바퀴 돌아보면 코코넛 나무가 가득해 동남아에 온 느낌이 물씬 든다. 정원을 산책만 해도 좋지만, 프리미어 빌리지는 모두 3베드룸으로 빌라 형태가 동일하다. 만약 인원이 적어서 3베드만 이용한다면 한쪽 문을 잠궈 두는데, 그 말은 즉 3베드 풀빌라를 이용해도 4베드 시설을 그대로 사용할 수 있다는 것! 침실은 여러 가지 테마로 되어 있는데, 깨끗하고 클래식한 느낌의 방부터 민트색 포인트가 있는 침실까지, 취향대로 골라 쓰면 된다. 주방이 매우 넓고 현대적으로 꾸며져 있어서 음식을 직접 해 먹

프리미어 빌리지 다낭 리조트 Premier Village Danang Resort
99 Vo Nguyen Giap Street, Ngu Hanh Son District
다낭 국제공항에서 차로 20분
+84 2363 919 999

을 수 있는 것은 물론이고, 거실에서 식사를 마친 뒤에 문만 열면 바로 풀빌라로 연결되어 수영장으로 쏙 들어갈 수 있다. 풀장 옆에도 테이블이나 선베드가 있어서 중간중간 휴식을 취하기 좋다. 수영장으로 나가 보면 길고 아름다운 다낭의 비치가 한눈에 들어온다. 수영장에서 넓게 펼쳐진 바다를 보며 수영하고, 코코넛 한잔 들이키면 그 순간의 행복을 무엇과 비교할 수 있을까!

또 이곳은 가족 여행으로 가기에도 좋은 리조트인데, 아이들과 함께 방문했다면 리조트 내에 있는 키즈 카페도 이용해 볼 수 있다. 볼 수영장이나 미끄럼틀 같은 기본적인 시설도 있고, 아이들이 즐길 수 있는 다양한 프로그램들도 준비되어 있다. 어른이 즐길 만한 무료 액티비티도 많으니 관심이 있다면 참고해 보자.

관광 다낭에서 인생 샷 남길 만한 BEST 여행지

바나 힐

바나나가 많아서 붙여진 이름, 바나 힐(BaNa hills)! 해발 2000미터 이상의 고지대에 위치해 있어 선선한 날씨가 특징인 이곳은, 과거 프랑스 식민지 시대에 프랑스인들이 더위를 피하려고 만든 휴양지다. 덥기로 소문난 다낭이지만 바나힐은 고도가 높아 3, 4도 정도 기온이 낮다. 지금은 다양한 유럽 스타일의 건축물과 아름다운 정원, 재미난 놀이기구들 덕분에 다낭에서 가장 인기 있는 관광 명소 중 한 곳이 되었다.

다낭 시내에서 바나힐까지는 45~60분 정도가 소요된다. 지도상으로 다낭 국제공항의 왼편, 그리고 산 위에 위치해 있어서 생각보다 거리가 멀다. 그래서 오전 11시 이전에 호텔에서 가능한 빨리 출발하여 둘러보는 것을 추천한다. 케이블카는 세계에서 두 번째로 긴 코스로 유명한데, 약 5,200미터 길이로 15~18분 정도 소요된다. 내려오는 케이블카는 오후 5시까지만 운영하고 그 이후에 운영하는 것은 바나 힐 프렌치 빌리지에 머무는 고객을 위한 것이니 돌아오는 시간을 고려해 일정을 정해야 한다.

인스타그램에서 핫한 골든브릿지에 올라가면 마치 구름 위에 있는 듯 신기하기도 하고, 생각보다 커다란 규모에 압도된다. 아기자기한 프렌치 빌리지까지 보고 나면 눈이 더욱 즐거워진다. 참고로 가장 인기가 좋은 레일바이크는 대기가 많으니 올라가자마자 서둘러서 기다리는 것이 좋다. 보통 1시간 넘게 대기해야 하지만 빠르면

20분 즈음 뒤에 탑승 가능하다.

바나 힐은 날씨가 좋으면 미케비치까지 바라볼 수 있는 전망도 멋지지만, 동화 속에서 뛰쳐나온 듯한 공주님과 왕자님의 퍼레이드를 보는 것도 빼놓을 수 없다. 베트남인지 유럽인지 헷갈릴 만큼 이국적이고 재미있는 행사다. 그 주변으로도 유럽 스타일의 건물과 화사한 꽃밭이 펼쳐져 있어서 어디서 사진을 찍어도 멋진 인생 샷이 나온다.

바나 힐 BaNa hills
Hòa Ninh, Hòa Vang, Da Nang,
다낭 시내에서 차로 60분

린응사(영응사)

린응사(Chua Linh Ung)의 '린응'은 '불보살의 영묘한 감응'을 나타내는 말이라고 한다. 그만큼 부처님의 감응을 바라는 아픈 영혼이 많다는 것을 뜻한다. 다낭 앞바다는 정말 아름답지만, 그와 대조적으로 약 1만 4천여 명에 달하는 사람이 빠져 사망한 가슴 아픈 역사가 남아 있다. 그 죽은 이들의 영혼을 위로하기 위해서 대웅전 앞 영응사 18나한상을 세웠다고 한다.

이곳에 있는 높이 $67m$의 해수관음상은 세계 최대의 높이로 알려져 있다. 푸른 하늘 아래에 우뚝 서 있는 새하얀 색상의 해수관음상은

린응사 Chua Linh Ung
Vườn Lâm Tỳ Ni, Hoàng Sa, Thọ Quang, Sơn Trà, Đà Nẵng
다낭 시내에서 차로 30분

신비로운 느낌마저 난다. 마치 하늘에서 내려온 천사처럼 다낭시와 바다를 굽어보고 있는 모습이랄까? 날씨가 맑은 날이면 다낭의 훌륭한 뷰까지 감상할 수 있는 멋진 장소다. 운이 좋으면 보송보송한 털을 가진 귀여운 원숭이가 나무 위에서 귀엽게 과일을 먹고 있는 작은 이벤트 같은 순간도 포착할 수 있다.

오행산(마블마운틴)

오행산은 마블마운틴(Marble Mountain)이라는 이름으로 더 잘 알려진 곳이다. 산을 이루고 있는 성분이 대부분 대리석이라고 해서 붙여진 이름이고, 또 5개의 봉우리로 이루어져 있어서 오행산이라고

도 한다. 오행산은 특히 신비로운 자연 동굴이 유명하다. 천장에 뚫린 구멍으로 들어오는 빛이 누군가 조명을 비추는 것 같기도 하고, 실제로 보면 굉장히 몽환적이고도 신비로운 느낌을 선사한다.

많은 계단을 오르내려야 하는데 날씨가 더우니 엘리베이터를 이용하는 것을 추천한다. 입장료가 4만 동에 엘리베이터 편도는 1만 5천 동 정도다. 한 바퀴 둘러보는 데에 2시간 정도 소요되는데, 꼭 보고 싶은 것만 골라서 빠르게 돌아보면 1시간 정도면 둘러볼 수 있다.

오행산 Marble Mountain
81 Huyền Trân Công Chúa, Hoà Hải, Ngũ Hành Sơn, Đà Nẵng 550000
다낭 시내에서 차로 20분
+84 236 3961 114

다낭 대성당(핑크 성당)

다낭 대성당은 핑크색이라서 핑크 성당이라고도 한다. 눈으로 보는 것보다 사진으로 찍으면 파스텔톤의 배경이 훨씬 예쁘게 나와 인증 샷이 필수다. 성당 앞에 '부부샵(55 Ché Lan Viên)'이라는 핫한 기념품 가게가 있어 고급스러운 기념품도 저렴하게 구매할 수 있다.

호이안 올드타운

호이안은 도시 전체가 유네스코 세계문화유산으로 등록된 여행자들의 성지다. 다낭에 간다면 꼭 호이안도 함께 묶어서 가 봐야 한

다낭 대성당 Da Nang Cathedral
156 Đ. Trần Phú, Hải Châu 1, Hải Châu, Đà Nẵng 550000
라이즈마운트 리조트에서 차로 10분
+84 236 382 5285

다. 낮에는 동서양의 조화로운 건축 양식에 빠져들고, 밤에는 또 신기루처럼 아름다운 조명이 밝혀 주는 밤거리의 매력까지 만끽할 수 있을 것이다.

호이안 올드타운은 옛 건축 양식이 워낙 예뻐서 특별히 뭘 하지 않고 길거리만 걸어도 설레는 것은 물론이고, 멋진 인생 샷을 건지기도 좋다. 특히 이왕이면 한시장 같은 곳에서 아오자이를 구매해서 입고 가면 더 좋다. 어디서 찍어도 색색이 아름다운 풍경이 펼쳐지기 때문에 베트남 특유의 멋스러운 사진을 남길 수 있다.

특히 호이안이 유명해진 건 낮보다는 밤에 펼쳐지는 색색의 등불 가게 덕분이다. 그 앞에서 사진을 찍으려고 하면 주인이 돈을 내라고 하는 경우도 있는데, 차라리 하나에 5천 원 정도 하는 대나무등을 기념품으로 구매하고 사진을 찍는 것도 좋다.

호이안에는 예쁜 카페가 많지만 공차는 세계에서 가장 아름다운 지점으로 유명하니 시원한 밀크티를 마시며 휴식도 취하고, 이곳에서만 즐길 수 있는 화이트로즈를 먹어 보는 것도 추천한다. 화이트로

호이안 올드타운 Hoian Worldheritage
Phường Minh An, Hội An, Quảng Nam
호이안 박물관에서 도보로 3분
+84 235 386 1327

즈는 베트남 중에서도 호이안에서만 먹을 수 있는 음식이라서, 호이안에서 굉장히 가까운 다낭에서도 쉽게 찾아볼 수가 없다. 만두인 듯 딤섬인 듯, 쫄깃쫄깃한 식감이 일품인데 어느 식당에서 먹어도 맛있다.

또 프랑스인 디자이너와 디렉터가 운영하는 베트남 럭셔리 패션 브랜드인 메티세코(Metiseko)에서는 부모님 선물로도 좋은 스카프부터 천연 코튼 침구, 천연 옷감으로 만들어진 고운 옷이나 액세서리 소품 등을 구경할 수 있다. 꼭 구매하지 않더라도 이곳 자체가 베트

안방비치 Bãi biển An Bàng
W87R+C7R, Đường Hai, Bà Trưng, Quảng Nam
호이안 올드타운에서 차로 15분

남 전통 가옥 스타일의 건물이기 때문에 아기자기하게 꾸며진 조용한 공간에 머물러 보는 것도 좋은 시간이 될 것이다.

호이안 안방비치

보통 짧은 다낭 여행에서는 호이안을 데이 투어로 방문하는 경우가 많은데, 촉박하게 둘러보기에는 아쉬운 곳이라 그 다음 여행에서는 다들 호이안을 더 긴 일정으로 방문한다. 그만큼 호이안에는 매력적인 곳이 많다. 그중에서도 안방비치는 예전에 유럽인들이 많이 살았다는 감성적이고 예쁜 비치다. 여유로운 일정으로 방문해서 해변에 늘어진 선베드에 누워 맥주 한잔 즐겨 보는 것은 어떨까?

투어 다낭을 더 진하게 즐기는 방법

호이안 에코 투어

'동그란 베트남 대나무 배'라고 하면 다들 머릿속에 떠오르는 그림이 있을 것이다. 동그란 모양의 대나무 배는 베트남 전통 배로 오직 이곳에서만 볼 수 있다. 에코 투어는 이 배를 포함해서 다양한 체험과 저녁 식사가 포함되어 있는 패키지로 대략 5시간 정도 소요된다.

> **TIP**
> **시티 투어**
>
> 세계 방방곡곡을 다녀봤지만 다낭은 유독 패키지 상품이 알차고 저렴하다. 특히 일행끼리 단독 여행을 원할 때도 약간의 추가 요금만 내면 개별적으로 움직일 수 있는 상품이 많다. 다낭 시티 투어를 신청하면 핑크 성당, 린응사, 콩 카페, 한시장 등의 주요 관광지를 하루만에 쉽게 둘러볼 수 있다. 한국 사람이 많아서 별로라고 생각할 수도 있지만, 그만큼 우리나라 사람들의 수요에 딱 맞는 스케줄과 저렴한 상품이 있다는 뜻이라 오히려 장점이 될 수 있으니 필요에 따라 시티 투어 상품을 이용해 보는 것도 좋다.

코코넛배 투어 Công Ty Du Lịch Phát Huy
Tổ 4 Vạn Lăng, Cẩm Thanh, Hội An, Quảng Nam 560000
+84903564336

일단 목선 배를 탑승해서 투본강(Thu Bon River)을 타고 이동하는데, 투본강은 베트남 사람들에게 젖줄과도 같은 소중한 강이다. 물색깔이 예쁘지는 않지만 더러운 것이 아니라 습지와 진흙 때문에 탁한 빛이 나는 것이다. 실제로 물고기도 많다고 하고, 낚시하는 현지인들도 종종 볼 수 있다. 30분 정도 이동한 뒤에는 대나무 배로 옮겨 탄다. 이 대나무 배를 타고 투본강 습지를 돌며 투어가 시작되는데, 호이안의 진수는 바로 이 투본강에 있기 때문에 일부러라도 꼭 들러보길 추천한다. 대나무를 엮어서 만든 배인 만큼 많은 인원이 탑승하기는 어렵고, 노를 젓는 사람을 포함해 총 3명까지 탈 수 있다. 살랑살랑 부는 강바람을 맞으며 주변을 감상하며 힐링하다가 운이 좋으면 일몰을 볼 수도 있다. 강으로 넘어가는 아름다운 태양은 그야말로 한 폭의 그림 같은 풍경이다.

베트남은 바다와 인접한 지역이 많다. 실제로 우리나라에 수입되는 건어물의 대부분이 베트남산이다. 서민들의 생계도 바다에서 주로 이루어진다. 대나무 배는 관광을 위해서 만들어진 것이 아니라 가난한 사람들이 배를 살 수 없어서 대나무로 작게 만든 데서 유래했다. 아직도 베트남에서는 이 작은 대나무 배로 바다에 나가 물고기를 잡고 생계를 이어나가고 있는 분들이 많다. 투어 프로그램에도 직접 물고기나 게 낚시 체험이 포함되어 있다.

투어 후 배에서 내리면 식당으로 이동해서 식사를 한다. 내가 갔을 때는 베트남 전통 음식인 반쎄오, 생선 조림, 파파야 샐러드, 스프링롤 등의 간단한 쿠킹 클래스가 진행되고 총 7가지 종류의 베트남 식사가 제공되었다. 호이안 가정식은 한국인들 입맛에 크게 거북한 향신료나 채소가 없어서 대부분 맛있게 먹을 수 있다.

잭스키친 쿠킹 클래스

베트남 현지 음식을 식당에서 먹어 보는 것도 좋지만, 한 달 살기를 하면서 직접 식재료를 골라 요리를 해 보는 것도 '살아 보는 여행'의 묘미다. 잭스키친은 다낭에 오픈한 지 얼마 안 된 쿠킹 클래스로, 제대로 된 베트남 음식을 배워 볼 수 있는 곳이다. 분짜, 반쎄오, 자몽 샐러드 등 다양한 현지 음식을 만드는데, 시장에 가서 재료를 고르는 것부터 요리를 하고 직접 만든 음식을 맛보는 것까지 알차게 2시간 정도 소요된다. 점심 시간쯤으로 신청하면 쿠킹 클래스를 하면서 점심도 해결하니 1석 2조다. 아이가 있는 가족 여행객이나 커플이라면 더욱 재미있게 체험할 수 있을 만한 코스다. 특히 베트남

잭스키친
394 Võ Nguyên Giáp, Bắc Mỹ An, Ngũ Hành Sơn, Đà Nẵng

의 더운 날씨에 에어컨이 나오는 공간에서 즐길 수 있다는 것도 장점이다.

맛집 꼭 먹어 봐야 하는 현지 음식

하노이 쓰아

분짜는 원래 베트남 북부 하노이에서 온 음식으로, 쌀국수로 만드는 다양한 음식 중 하나다. 새콤달콤하게 맛을 낸 차가운 국물에 숯

하노이 쓰아 Hanoi xua - Bun cha bun nem
95A Nguyễn Chí Thanh, Thạch Thang, Hải Châu, Đà Nẵng 550000
한시장에서 차로 5분
+84 98 757 67 68

불로 구운 돼지고기와 다양한 채소, 그리고 쌀국수를 함께 적셔 먹는다. '하노이 쓰아'는 실제 하노이의 맛을 느낄 수 있는 현지 맛집으로 유명하다. 관광객보다 동네 사람들이 더 자주 찾던 곳인데, 지금은 소문이 많이 나서 외국인들도 많아졌다. 가격은 너무 저렴해서 깜짝 놀랄 정도로, 1인분에 3만 동이니 한화로는 1,500원도 되지 않는다. 정말 저렴하지만 맛은 상상 그 이상이다. 입구에서부터 숯불에 고기를 굽는 불냄새가 솔솔 풍긴다. 다만 재료가 금방 떨어져서 보통 오후 1시 이후에는 문을 닫으니 오전에 일찍 방문하는 것이

마담란 Nhà hàng Madame Lân
04 Bạch Đằng, Thạch Thang, Hải Châu, Đà Nẵng 550000
한시장에서 차로 5분
+84 90 569 75 55

좋다.

마담란

마담란은 베트남 전통 음식을 다양하게 먹을 수 있는 곳으로 관광객들 사이에서도 잘 알려지고 인기가 많은 식당이다. 1인 1만 원이면 배가 터지도록 먹을 수 있는 저렴한 가격도 매력적이고, 호이안처럼 아기자기한 인테리어와 분위기도 기분을 더해 준다. 또 동남아에서 에어컨이 켜진 식당을 만나기 어려운데, 여기 2층은 에어컨

코이 가든 Khoi Garden
Lô49, Trần Văn Trứ, Bình Thuận, Hải Châu, Đà Nẵng 550000
마담란에서 차로 10분

이 나와서 한결 쾌적하다는 것도 장점이다. 특히 꼭 먹어야 할 메뉴는 바로 '반쎄오'와 '분짜'다. 반쎄오는 파삭파삭한 식감의 지단 안에 숙주나물과 다양한 채소, 새우 등이 들어간 음식인데 빈대떡과 비슷한 듯하면서도 더 바삭한 느낌이라 선호하는 분들이 많다. 이곳의 분짜도 새콤한 느억맘 소스와 칠리까지 더해져서 더할 나위 없는 맛을 낸다. 대부분의 음식이 평균 이상이라 어떤 메뉴를 시켜도 크게 실패가 없어서, 베트남 초심 여행자나 가족 여행자들에게는 더욱 추천하는 식당이다.

코이 가든

다낭에 새로 생긴 맥주 거리에서 현지인들에게 가장 힙하고 트렌디하다고 알려진 맥주집이다. 호치민에도 맥주 거리가 있지만 이쪽이 조금 더 고급스러운 분위기다. 그래서인지 베트남 기준으로 가격은 좀 비싼 편이라 메뉴당 1만 원에서 1만 5천 원 정도인데, 대신 서비스의 퀄리티도 그만큼 좋다. 테이블마다 직원이 한 명씩 담당해서 맥주잔이 비면 맥주를 따라 주고, 직원들도 힙한 래퍼 분위기를 풍기면서 흥겨운 기분을 더한다. 비가 올 때는 우산을 씌워 택시까지 태워 주는 최고의 서비스에 깜짝 놀랐을 정도다. 베트남은 긴 바다로 둘러싸인 천혜의 자연 덕분에 해산물의 신선도와 퀄리티가 좋은 편인데, 이곳도 특히 굴이 신선하고 그 외에도 다양한 해산물을 신선하게 즐길 수 있다. 현지의 음식과 트렌디한 분위기를 즐기고 싶

하이코이 Chân Gà Nướng Hai Còi
58 Nguyễn Văn Thoại, Bắc Mỹ An, Ngũ Hành Sơn, Đà Nẵng 550000
미케 비치에서 도보 11분
+84 94 249 66 86

다면 한 번쯤 가 보길 권한다. 더불어 맛있는 식사에는 사이공 스페셜 맥주를 잊지 말고 곁들여 보자.

하이코이

꼬치구이, 닭날개구이, 새우구이 등 다양한 메뉴를 숯불에 구워 먹는 곳이다. 입구에서부터 맛있는 냄새가 솔솔 풍기는데 한국인 입맛에도 잘 맞을 정도로 호불호 없는 맛이다. 메뉴판이 사진으로 되

봉막창 Heo Nướng & BBQ
02 Chu Huy Mân, Mân Thái, Sơn Trà, Đà Nẵng
먼타이 해변에서 도보 15분
+84 366 952 524

어 있어서 현지인이 아니어도 주문하기 쉽다. 닭발 꼬치 하나가 6천 동(한화 약 300원), 닭날개구이는 1만 6천 동(한화 약 800원)일 정도로 무척 저렴한 가격에 맛있는 숯불구이를 먹을 수 있다.

봉막창

한국 음식이 생각날 때는 한국인 사장님이 운영하는 봉막창을 추천한다. 저렴한 현지 가격으로 훌륭한 막창을 먹을 수 있는 곳이고, 막창 외에 삼겹살, 목살 등의 숯불구이도 판매한다. 한국인뿐 아니라 현지인도 많이 찾는 숨은 맛집인데 한국인 사장님이 운영하다 보니

콩 카페 Cong Caphê
98-96 Bạch Đằng, Hải Châu 1, Hải Châu, Đà Nẵng 550000
한시장에서 도보 2분
+84 236 655 3644

청결 면에서도 안심할 수 있다.

콩 카페 1호점

콩 카페에는 베트남의 레트로 스타일이 묻어 있어서 그 공간에 들어서는 것만으로도 매력적인 곳이다. 특히 아오자이를 입고 와서 사진을 찍으면 옛날로 돌아간 듯한 멋진 사진도 건질 수 있다. 이곳에서 먹는 코코넛 스무디는 뜨거웠던 더위를 한 방에 날려 주는 시

하이랜드 커피 Highlands Coffee
74 Bạch Đằng, Hải Châu 1, Hải Châu, Đà Nẵng 550000
+84 236 3849 203

원하고 부드러운 맛이었다. 개인적으로 인생 커피라고 해도 과언이 아니라서, 한국에 돌아온 뒤에도 사진을 보면 다시 먹고 싶어진다.

하이랜드 커피 인도차이나점

용다리를 걷다가 핑크 성당으로 가는 길목에 위치한 하이랜드 커피는 방문객 중에서 현지인이 거의 90% 가까이 차지한다. 개인적으로 맛은 콩 카페가 더 좋았지만, 얼음 가득한 아이스커피에 에어컨을 쬐며 앉아 있으면 잠시 더위에 지쳤던 몸을 회복할 수 있다. 다낭에서는 에어컨 나오는 가게를 찾는 게 쉽지 않기 때문에 본인의 동선에서 에어컨이 나오는 카페를 미리 알아두는 것도 좋다.

마사지/쇼핑 여행의 깨알 같은 즐거움

핑크 스파

다낭에서 제일 인테리어가 예쁜 스파 숍이라고 해도 과언이 아닐 것이다. 온통 핑크색으로 꾸며진 독특한 내부 인테리어 덕분에, 스파뿐 아니라 포토존에서 인생 샷도 건질 수 있는 곳으로도 유명하다. 대기실에서 마사지룸까지 모두 예쁜 카페처럼 꾸며져 있어 인스타에서도 핫플레이스로 떠오르고 있는 곳이다. 마사지 가격은 3만 원대로 베트남 기준으로는 보통 수준이지만 팁 포함 가격이기

핑크 스파 Pink Spa
171 Đ. Trần Phú, Hải Châu 1, Hải Châu, Đà Nẵng 550000
핑크 성당에서 도보 1분
+84 236 3565 912

때문에 합리적인 편이다. 한국에서 미리 예약하거나 여행 카페에서 쿠폰을 발급받으면 더 저렴하게 예약할 수 있는 방법들이 있으

BOARDING PASS

TIP
마사지 팁 문화

우리나라는 팁 문화가 따로 없어서 익숙하지 않지만, 베트남에서 2시간 코스로 마사지를 받고 나면 보통 10만 동(한화로 약 5천 원) 정도를 마사지사에게 팁으로 주는 것이 좋다.

선물 같은 하루가 되어 준 동남아 한 달 살기

한시장 Cho Han
119 Đ. Trần Phú, Hải Châu 1, Hải Châu, Đà Nẵng 550000
핑크 스파에서 도보 8분
+84 236 3821 363

니 꼼꼼히 체크해 보자. 다낭의 유명 관광지인 핑크 성당 바로 앞에 있어 관광 일정에 포함하여 마사지를 받기에도 위치가 좋고, 혹은 여행 마지막날에 들러도 편리하다. 샤워 시설을 갖추고 있어서 귀국하기 전에 마지막으로 마사지도 받고 샤워까지 마친 뒤 출발하면 개운하게 여행을 마무리할 수 있다.

한시장

한시장은 다양한 리조트룩을 저렴하게 구매할 수 있어 많은 관광

객들이 선호하는 곳이다. 특히 베트남 돈으로 30만 동(한화로 약 1만 5천 원) 정도면 예쁜 아오자이를 구매할 수 있다. 물론 한국에서는 입을 일이 없지만 현지에서 예쁘게 입고 사진을 찍어도 좋고, 기념품으로도 이만한 것이 없다. 참고로 아오자이는 막상 입으면 생각보다 덥지 않다. 소재가 쉬폰이고 바지도 통이 넓어서 시원하다. 그래도 찝찝하다면 민소매 아오자이도 있으니 취향에 맞게 선택하자.

마찬가지로 베트남 전통 모자인 '농'도 특별한 소품으로 좋을 뿐 아니라 더운 날씨에 생각보다 유용하다. 농은 더위를 피하고자 한 옛 사람들의 지혜가 돋보이는 물건이다. 큰 사이즈라 다소 무겁지 않

부부숍 BUBU SOUVENIR SHOP
169 Đ. Trần Phú, Hải Châu 1, Hải Châu, Đà Nẵng 550000
한시장에서 도보 2분
+84 778 700 001

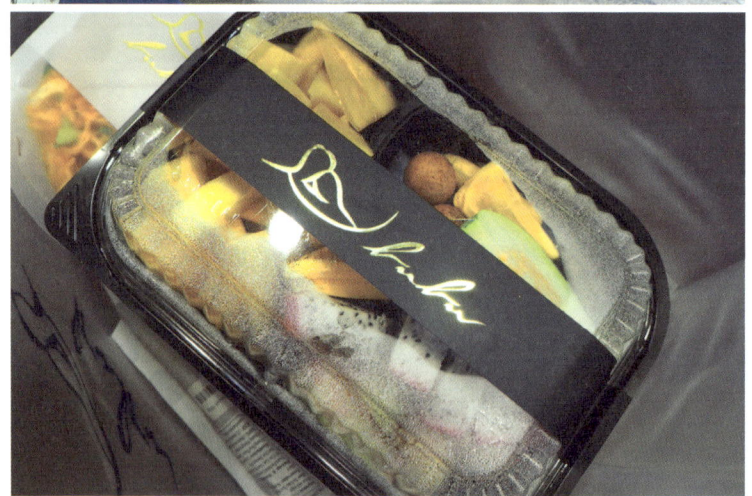

을까 싶은데, 얇은 나뭇잎을 압착해서 만든 거라 굉장히 가볍다. 가벼워서 머리를 누르지도 않고, 사진도 예쁘게 나오니 1석 2조다. 특히 모자가 넓어서 태양을 가려주기 때문에 자외선을 피할 수 있는 필수품이다.

부부숍

오픈한 지 3년 정도 된 핫한 기념품 숍으로, 핑크 성당 맞은편에 위치하고 있다. 가격은 현지 물가에 맞게 저렴하면서도 퀄리티가 좋고 고급스러운 포장으로 선물을 고르기 좋다. 특히 한국에서 팔지 않는 퀄리티 높은 제품을 사장님이 직접 셀렉해서 판매하고 있다고 한다. 한국인 사장님이 운영해서 카톡으로 주문하면 배달도 해주신다. 보통 관광객들은 롯데마트나 빈컴 플라자(Vincom Plaza)에서 기념품 선물을 많이 사는데, 포장이 고급스럽지 않아서 막상 지인들에게 선물하기에는 다소 민망한 경우가 많다. 이곳은 내부에서 예쁘게 개별 포장을 하고, 대량 생산품이 아니라 인터넷으로 가격도 검색되지 않는 장점이 있다. 특히 설탕을 넣지 않은 100% 깔라만씨를 유일하게 구매할 수 있는 곳이고, 먹기 편하게 자른 과일 도시락을 팔아서 편리하게 과일을 구매해 먹을 수 있다는 점도 매력 포인트다.

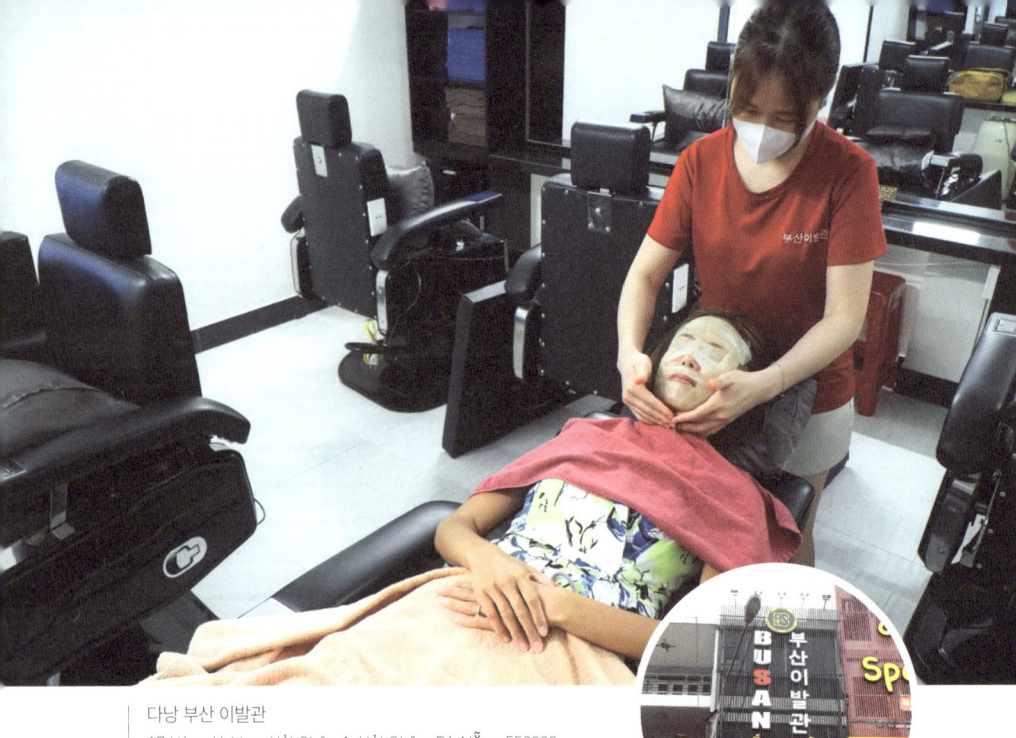

다낭 부산 이발관
17 Hùng Vương, Hải Châu 1, Hải Châu, Đà Nẵng 550000
부부숍에서 도보 3분
+84 367 114 368

부산 이발관

베트남에서 꼭 해볼 만한 것 중에 하나가 바로 이발소 체험이다. 보통 하노이나 호치민에는 남자 전용의 숍이 많지만, 다낭은 가족이나 커플 관광객들이 많아 여성도 함께 체험할 수 있는 곳이 생겼다. '부산 이발관'이라는 친근한 이름답게, 부산 출신 사장님의 구수한 사투리도 들을 수 있는 곳이다. 보통은 쉽게 접해 볼 수 없었던 귀 청소부터, 머리를 감겨 주는 것은 물론 세수와 오이 팩, 얼굴 마사지, 손발톱 손질, 다리 마사지와 드라이기까지 풀코스 서비스를 제

공한다. 남자들은 면도와 콧털 정리, 얼굴 솜털까지 깔끔하게 깎아 준다. 물론 혼자서도 할 수 있는 관리라고 생각할 수도 있지만, 가만히 누워만 있어도 단돈 2만 원으로 누군가 정성스레 관리해 주는 경험은 마치 귀족 체험을 하는 것처럼 새롭고 색다를 것이다. 일반적인 남성 전용 이발관과 달리 2층에는 네일 숍도 함께 운영하고 있는데 네일 숍도 상당히 전문적이다.

나트랑

나트랑은 다낭에 이어 최근 떠오르는 호캉스 성지이기도 하다. 원래 베트남에는 산호섬이 많지 않아서 에메랄드빛 바다를 만나기 어려운데, 각 리조트에서 산호를 심어 인공 비치를 만들었다. 덕분에 규모가 대단히 크지는 않지만 베트남에서 가장 예쁜 에메랄드빛 바다를 볼 수 있고 당연히 사진을 찍어도 예술이다. 나는 아예 호캉스를 목적으로 방문했는데, 시내 쪽의 호텔 타입 숙소에서는 휴양지 기분을 충분히 느낄 수 없어 아쉽다. 일주일 정도 머문다면 2박은 시내 근처의 저렴한 호텔에서, 나머지는 고급스러운 리조트에서 휴식을 취하면 딱 좋지 않을까 싶다. 닌반베이 쪽에 특히 럭셔리 호텔이 많으니 여유가 있다면 묵어 보길 추천한다. 참고로 다낭에서 나트랑으로 가는 비행편이 많지 않아 다낭에서 푸꾸옥으로 갔다가 나트랑으로 이동하는 경우도 많다.

선라이즈 나트랑 Sunrise Nha Trang Beach Hotel & Spa
12-14 Trần Phú, Xương Huân, Nha Trang, Khánh Hòa 650000
나트랑 해변 앞
+842583820999

[호텔] **휴양의 진수를 만끽할 수 있는 곳**

선라이즈 나트랑 비치 호텔 앤 스파

개인적으로 나트랑에서 가장 가성비 좋은 호텔로 이곳을 꼽는다. 베트남의 지중해라 불리는 나트랑 해변이 바로 앞에 있어서 위치도 훌륭한 데다가, 오션뷰인데도 다낭보다 훨씬 저렴한 비용으로 숙박할 수 있어 놀라울 정도다. 과거에는 한국, 중국, 러시아 등에서 패키지 관광객이 많이 왔는데 현재는 해외 관광객이 별로 없어 훨씬 조용해졌다. 크지는 않지만 수영장도 즐길 수 있고, 바다가 새파랗게 보이는 뷰를 바라볼 수 있는 깔끔한 룸까지 만족스러운 곳이다. 지어진 지 오래됐지만 리모델링을 마쳐서 최근에는 깨끗한 객실 컨디션을 유지하고 있다. 조식도 종류가 다양하고 고급스러워서 한 달 살기를 하기에 이만한 곳이 또 있을까 싶은 호텔이다.

노보텔 나트랑

노보텔은 나트랑이 막 휴양지로 유명해질 무렵에 만들어져서 생긴 지는 꽤 오래됐지만, 덕분에 좋은 위치를 선점할 수 있었다고 한다. 이 근처 호텔들은 바로 앞에 바다가 펼쳐져 있어 가격대가 아주 저렴하지는 않지만 위치나 서비스가 좋고 확실히 관리가 잘 되어 있다는 느낌이 들었다. 길 하나만 건너면 멋진 바다가 펼쳐져 있고, 투숙객 전용 선베드도 있어서 맥주 한잔에 휴식을 취해 봐도 좋다. 아쉬운 점은 다른 시설에 비해 수영장이 상당히 작은 규모라는 것이다. 바다가 보이는 좀 더 멋진 수영장을 즐기고 싶다면 쉐라톤(Sheraton)이나 인터컨티넨탈(Intercontinental)을 선택해도 좋지만 가성비를 고려하면 노보텔도 나쁘지 않다. 혹은 여행 첫날 노보텔에서 묵고 다음 날 풀빌라 리조트로 이동하는 것도 추천한다.

노보텔 나트랑 Novotel Nha Trang
50 Trần Phú, Lộc Thọ, Nha Trang, Khánh Hòa 652076
깜라인 국제공항에서 차로 45분
+84 258 6256 900

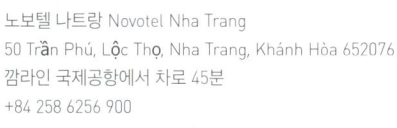

아미아나 리조트 Amiana Resort Nha Trang
Phạm Văn Đồng, Tổ 14, Khánh Hòa 650000
나트랑 시내에서 차로 25분
+84 258 3553 333

아미아나 리조트

베트남에서 한 달간 여행을 하며 가장 휴양하기 좋았던 곳으로 꼽는 숙소다. 나트랑 시내에서 차로 25분 정도 북쪽에 있어서 위치가 아주 편리하지는 않지만, 럭셔리 호텔이 많은 닌반베이 쪽과 비교한다면 시내와의 접근성이 괜찮은 편이다. 또 룸서비스 가격대가 부담되지 않아서 리조트 안에서 모든 걸 해결해도 충분하다.

나는 3박 4일 동안 머물면서 밖에 나가지도 않고 리조트 시설을 즐겼는데, 그야말로 진정한 휴양과 힐링을 만끽하는 기분이었다. 객

실은 빌딩형이 아니라 독채 빌라 타입으로 되어 있고, 자연친화적인 콘셉트의 럭셔리 리조트다. 시내의 빌딩 타입 숙소도 괜찮지만 모던한 곳과는 또 다르게 우든과 라탄 스타일의 감성이 있어서 한 번쯤 꼭 묵어 볼 만한 곳이다. 무엇보다 인공으로 만들어진 프라이빗 비치가 정말 아름답고 지금까지 가 본 여러 호텔 중 조식이 훌륭하게 나오는 숙소 중 하나였다. 베트남 전통 음식부터 김밥, 서양식 메뉴, 베이커리류도 훌륭해서 따로 점심 식사를 하지 않아도 될 만큼 배부르게 먹었다.

랄리아나 리조트 L'Alya Ninh Van Bay
Ninh Vân, Ninh Hòa, Khánh Hòa 65000
나트랑 시내에서 차로 30분
+842583624964

랄리아 닌반베이

나트랑은 아예 호캉스를 목적으로 방문했는데 빈펄(Vinpearl), 노보텔, 인터컨티넨탈, 쉐라톤, 보톤블루(Boton Blue), 레전드시(Legend-Sea) 등 유명하다는 곳을 다 다녀봤지만 특히 기억에 남는 곳이 랄리아 리조트였다. 로비 라운지에는 프라이빗한 비치가 있고, 풀빌라는 숲속의 바위 옆에 위치해 있어서 마치 숲속에서 수영하는 기분이 든다. 특히 거실에 창문이 없고 독특하게 야외와 이어지는 오픈 형식으로 되어 있어 나무가 우거진 오픈 플레이스에서 식사를 하거나 차를 마시며 멋진 시간을 보낼 수 있다. 나트랑에 왔다면 빌딩형 숙소보다는 자연을 만끽할 수 있는 숙소에서 이곳만의 독특한 분위기를 즐겨보길 추천한다. 리조트 내에 피크닉이나 쿠킹 클래스 등 액티비티 프로그램도 진행되고 있는데, 나는 쿠킹 클래스를 신청해서 내가 만든 음식으로 식사하기도 했다.

빈펄 리조트

베트남이 처음이라면 모르는 사람이 많겠지만 베트남에서 가장 큰 국민 기업으로 전 지역에 엄청나게 많은 호텔을 소유하고 있다. 나도 주로 세계적인 체인 브랜드인 힐튼이나 하얏트 등을 주로 이용하다가 나트랑에서 처음 숙박해 봤다. 룸레잇은 비교적 낮은데 퀄리티는 상당히 좋아서 놀랄 정도로 마음에 들었다. 프라이빗 풀빌라 3베드룸에서 숙박했는데 마치 영국의 어느 귀족 저택처럼 고급스러워서 입장할 때부터 마음이 설렜다.

섬 안에 모든 시설이 있기 때문에 체크인을 하고 나면 보트를 타고 이동한다. 처음에는 캐리어가 있기 때문에 보트를 이용하고 이후로는 케이블카도 탑승 가능하다. 빈펄랜드 이용객들도 함께 이용하지만 투숙객은 프라이어리티로 빠르게 탑승 가능하니 편리하게 이용할 수 있다.

리조트의 장점 중 하나는 프라이빗 비치가 상당히 넓게 펼쳐져 있다는 것이다. 파도가 거의 없어 잔잔하기 때문에 물놀이를 하기도 좋다. 내부에 시설이 상당히 잘 갖춰져 있어 나는 호핑 투어를 나갔던 하루를 제외하고 3일을 묵는 동안 내내 리조트 수영장에서 여유를 즐겼다.

빈펄 리조트 Vinpearl Resort Nha Trang
Hon Tre Nha Trang City, Khánh Hòa 65000
깜라인 국제공항에서 차로 약 1시간 15분
+84 258 3598 900

관광/투어 몸으로 체험하고 느끼는 나트랑

빈원더스

베트남에는 남호이안, 푸꾸옥, 그리고 나트랑까지 세 개 지역에 빈펄랜드가 있는데 그중 최고는 나트랑이다. 다른 곳이 사파리 위주라면 나트랑의 빈펄랜드는 바다 위를 건너 케이블카를 타고 들어가서 다양한 어트랙션까지, 엄청나게 큰 섬 하나가 통째로 빈 월드라고 해도 과언이 아닐 정도로 어마어마한 규모다. 아이가 있다면 당연히 들러야 하고, 프라이빗 비치가 있어 커플 여행으로도 좋다.

빈원더스 VinWoners
Vĩnh Nguyên, Nha Trang, Khánh Hòa
빈펄 리조트에서 차로 약 8분

나트랑에 왔다면 빈펄랜드는 꼭 들어가 봐야 한다. 하지만 생각보다 케이블카를 기다리는 사람이 많아 왕복으로 2시간 정도 소요된다. 가능하면 투숙을 하는 게 훨씬 편하고 시간도 절약된다. 놀다가 호텔에 들어와서 쉬어도 다시 또 입장도 가능하기 때문에 편한 시간대에 자유롭게 이용할 수 있다는 것도 장점이다. 내부로 들어가면 워터파크, 사파리 등 다양한 매력이 가득하다. 하루 일정을 잡아서 온종일 놀아도 충분할 정도다.

소이 아일랜드 Soi Island
Đảo, Trí Nguyên, Khánh Hòa 650000
빈펄랜드 선착장에서 보트로 5~10분
+84 912 351 525

나트랑 호핑 투어

태국이나 필리핀 등 다른 나라의 호핑 투어는 스노쿨링 포인트가 비슷비슷한데, 나트랑의 경우는 어느 업체를 선택하느냐에 따라 물놀이 포인트나 들어가는 섬이 각기 다르다. 그래서 후기를 잘 살펴보고 마음에 드는 투어 상품을 예약하는 것이 좋다.

내가 예약한 호핑 투어는 배 위에서 망고와 수박, 맥주, 아침에 잡은 싱싱한 새우회까지 무제한으로 제공되었고, 낚시와 스노쿨링을 하

며 알록달록한 산호초와 귀여운 니모 물고기도 만나 볼 수 있었다. 물놀이를 실컷 하고 나서는 소이 아일랜드에 들어가서 여유로운 점심과 휴식 시간을 가졌다. 문섬(Mun Island)에 들어갔다가 사람이 북적거려 정신없었던 기억이 있는데, 소이 아일랜드는 해변에서 여유로운 휴양의 기분을 만끽할 수 있어 더욱 만족스러웠다.

아이리조트 스파

시내에서 차를 타고 한 시간 정도 걸린다. 개별 욕조가 나뉘어 있어서 2인이 오붓하게 즐길 수도 있고 최대 6명까지 들어갈 수 있는 곳도 있다. 가족끼리 방문하기에 최적의 장소다. 일본의 여느 료칸만

아이리조트 스파 Bùn khoáng nóng I-Resort Nha Trang
Tổ 19, thôn Xuân Ngọc, Vĩnh Ngọc, Nha Trang, Khánh Hòa
나트랑 시내에서 차로 약 1시간
+84 258 3830 141

큼 운치가 있다. 입장료는 1인에 2만 원 정도인데 베트남치고는 비싼 듯하지만 막상 들어가 보면 납득이 된다. 전체적으로 머드 온천뿐 아니라 워터파크처럼 구성되어 있어 물놀이를 즐기기에도 딱이다. 여행 마지막 날 코스로 체크아웃 후 머드 온천에서 즐기다가 밤 비행기를 타기 전까지 피로를 푸는 일정으로도 추천한다.

맛집 베트남에서 맛보는 의외의 베스트 맛집

믹스 그릭 레스토랑

사실 처음에는 그리스식 음식이라고 해서 망설였는데, 의외로 손에 꼽을 정도로 좋았던 곳이다. 구글 평점이 4.0만 넘어도 꽤 만족스러

믹스 그릭 레스토랑 Mix Greek Restaurant
77 Hùng Vương, P, Nha Trang, Khánh Hòa 650000
빈펄 리조트 선착장에서 차로 약 15분
+84359459197

포한푹 Pho Hanh Phuc
19 Ngô Gia Tự, P, Nha Trang, Khánh Hòa 650000
믹스 그릴 레스토랑에서 차로 약 6분
+84 97 811 72 35

운 경우가 많은데, 이곳은 내가 방문했을 당시 평점이 4.4점이나 되었고 줄이 길었는데도 20분쯤 기다려서 입장했다. 내부는 빈티지한 초록색으로 꾸며져 있고 메뉴는 조금 투박한 듯하면서도 신선한 채소와 두툼한 치즈 등 퀄리티 높은 재료부터 믿음이 갔다. 생선이나 채소 등은 항상 그날 아침에 들이는 것이라고 한다. 특히 추천 메뉴는 믹스 플레터인데, 해산물이나 고기 등 다양한 음식이 커다란 플래터에 담겨져 나오며 곁들이는 5가지 소스도 하나하나 모두 맛있었다. 베트남에 갔으니 당연히 베트남 음식을 먹어야겠지만 매일

반깐 51 Bánh căn 51
24 Tô Hiển Thành, Tân Lập, Nha Trang, Khánh Hòa 650000
포한푹 쌀국수에서 도보로 약 10분
+84989689348

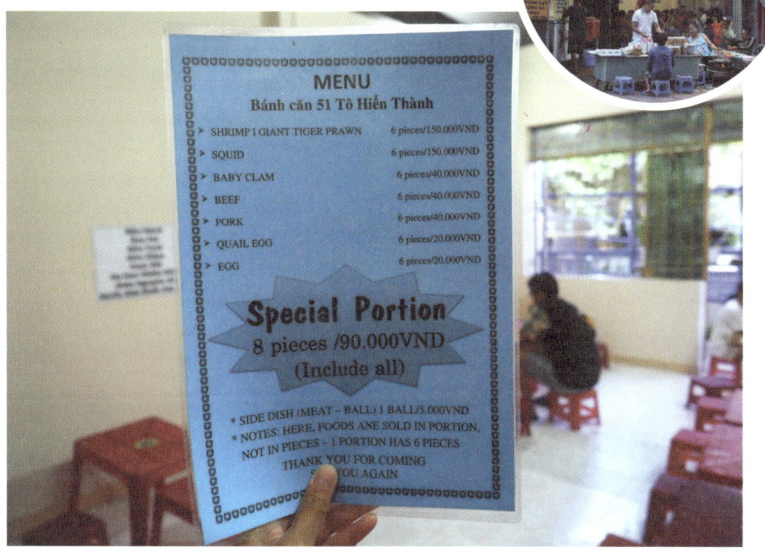

185

먹는 비슷한 음식에 변화를 주고 싶을 때 즐겨 보면 좋을 것이다.

포한푹 쌀국수

한 그릇에 3천 원 정도밖에 하지 않는 저렴한 가격에 정말 맛있는 쌀국수를 먹을 수 있는 가게다. 쌀면을 직접 뽑는 것으로 유명하며 특히 뚝배기에 나오는 뜨끈한 국물에 샤브샤브처럼 얇은 소고기를 담가 먹는 것이 독특하다. 베트남에서도 생각보다 밍밍한 국물에 쌀국수가 나오는 곳이 많다. 그런데 이곳은 정말 진한 국물에 신선한 라임을 상큼하게 짜 넣고, 거기에 소고기를 살짝 익혀 먹으면 정말 제대로 된 쌀국수의 감칠맛을 느낄 수 있다.

반깐 51

반깐은 베트남 중부에서 즐겨 먹는 요리로 나트랑에서 먹어야 가장 맛있다. 풀빵처럼 동그란 작은 틀에 쌀가루를 넣고 그 위에 달걀이나 오징어, 새우, 고기 등을 넣어 익힌 뒤 소스와 곁들여 먹는다. 특히 '반깐 51'은 나트랑에서도 맛집으로 꼽히는, 현지인들도 즐겨 찾는 곳이다.

호치민

호치민은 베트남의 남쪽으로 북쪽과는 또 다른 매력을 느낄 수 있는 도시이며, 경제의 중심지이기도 하다. 호치민은 나트랑에서 비행기로 한 시간이면 넉넉히 도착하는데, 시간이 많다면 약 2만 원대의 슬리핑 버스를 타도 되지만 11시간이 걸리니 감안해서 선택하자. 호치민은 공항도 작은데 사람이 천만 명이나 살고 있는 도시다. 소매치기도 많은 곳이라 주의해야 하지만, 외국 기업도 많고 음식점 하나하나가 굉장히 고급스러워 하노이에 비해 발전된 도시의 느낌이 물씬 나는 곳이기도 하다. 호치민은 푸꾸옥에 가기 전에 경유를 하거나 싱가포르 경유로 짧게 들르는 사람도 많다. 하지만 생각 이상으로 아기자기하고 로맨틱한 곳이 많아 막상 빠뜨리기는 아쉬운 곳이다.

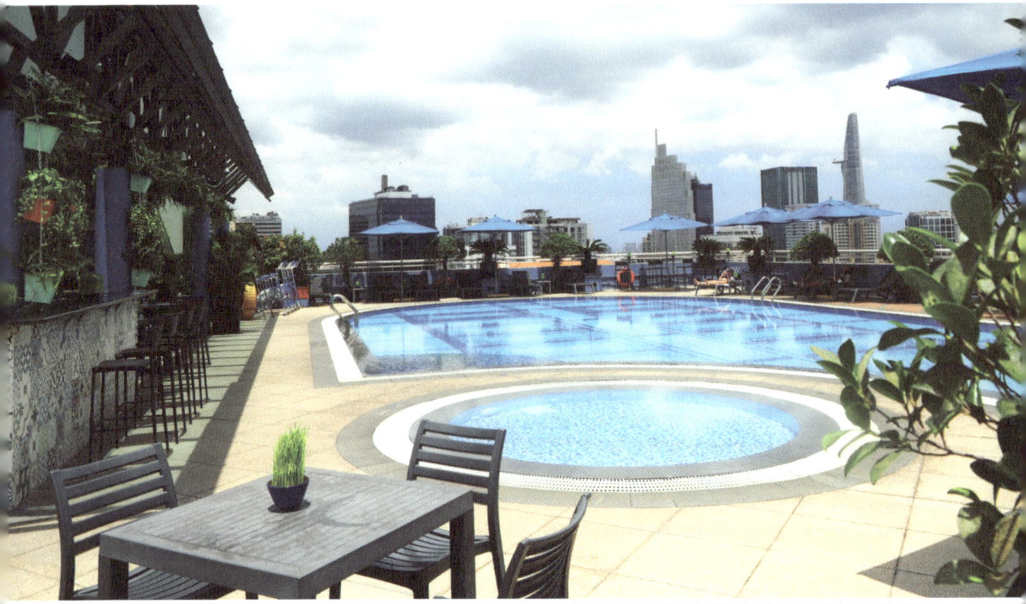

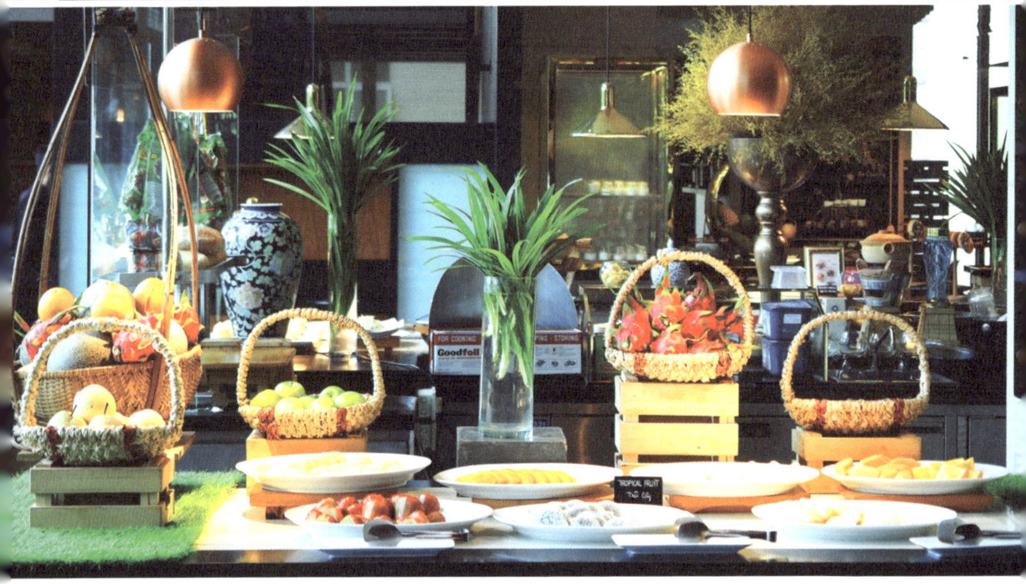

[호텔] **관광하기 좋은 위치의 숙소**

소피텔 사이공 플라자

호치민은 베트남의 다른 도시에 비해 호텔이 비싼 편이다. 특히 요즘에는 실버랜드(Silverland) 계열이 가성비가 좋은 편이라 럭셔리급인 소피텔도 괜찮은 가격에 숙박할 수 있다. 관광지 곳곳으로 이동하기에 위치가 용이한 편이고 수영장도 꽤 널찍하다.

소피텔 사이공 플라자 Sofitel Saigon Plaza
17 Đ. Lê Duẩn, Bến Nghé, Quận 1, Thành phố Hồ Chí Minh 700000
노트르담 대성당에서 도보로 약 15분
+84 28 3824 1555

르메르디앙 사이공 Le Meridien Saigon
3C Đ. Tôn Đức Thắng, Bến Nghé, Quận 1, Thành phố Hồ Chí Minh
호치민 버스센터에서 도보로 약 15분
+84 28 6263 6688

르메르디앙 사이공

일본인 거리와 매우 가까워서 마치 일본에 온 것 같은 기분도 든다. 반값으로 일본을 느낄 수 있는 곳이랄까? 시내 중심에 있어서 관광하기 좋고, 사이공 강변에 위치해 있어 탁 트인 경관이 장점이다.

관광 짧아도 알차게 둘러보는 추천 코스

우체국과 서점 거리

호치민에서 빠질 수 없이 꼭 가야 하는 관광 명소다. 우체국은 물론 우편물을 보내는 곳이지만, 호치민의 우체국은 예쁜 외관 덕분에 관광지로도 인기가 많다. 마치 유럽의 어느 기차역에 온 것 같은 예

ẨM THỰC
ĐÔ THỊ
VẬN ĐỘNG NGƯỜI DÂN THAM GIA BHXH TỰ NGUYỆN, BHYT HỘ GIA ĐÌNH ĐỂ ĐƯỢC CHĂM SÓC SỨC KHỎE VÀ ỔN ĐỊNH CUỘC SỐNG KHI VỀ GIÀ

DENSO
Chuyến xe chở tri thức - chở tương lai
08
BOOK BUS
A JOURNEY OF KNOWLEDGE AND FUTURE
HAY DECOR
KHÔNG GIAN

우체국과 서점 거리 The Saigon Central Post Office
02 Công xã Paris, Bến Nghé, Quận 1, Thành phố Hồ Chí Minh 70000
노트르담 대성당 옆

뻔 노란색 건물에, 바로 앞에 노트르담 성당도 있어 현지인들이 웨딩 촬영도 많이 하는 곳이다. 물론 실제로 우체국 업무도 진행되고 있는데, 마치 영화 속에 들어온 듯한 기분이 든다. 과거에 사용하던 전화 부스가 그대로 남아 있는 것도 매력 포인트다. 더불어 뒤쪽으로는 프랑스 문화가 남아 있는 서점 거리가 약 100m 길이로 늘어져 있다. 대부분 베트남어라서 책을 사서 읽지는 않더라도, 아기자기한 거리를 둘러보며 유유자적 여유를 즐겨보기 적합한 코스다.

떤딘 성당 Tan Dinh Church
289 Hai Bà Trưng, Phường 8, Quận 3, Thành phố Hồ Chí Minh
노트르담 대성당에서 도보로 약 20분
+84 28 3829 0093

떤딘 성당(핑크 성당)

다낭에서 인생 샷 장소로 유명한 핑크 성당이 호치민에도 있어 깜짝 놀랐다. 실제로 보면 더 예쁘고, 사진으로 찍으면 마치 미미 인형의 집처럼 사랑스러운 분위기도 풍긴다. 우체국과 노트르담 성당보다 조금 왼편에 있어 동선 짜기가 애매한 것이 단점이다. 하지만 막상 가 보면 오길 잘했다 싶을 만큼 예쁜 배경에서 기억에 남는 사진을 남길 수 있을 것이다. 참고로 푸른 하늘이 펼쳐진 맑은 날씨에 가야 핑크 성당의 진가를 느낄 수 있다.

부이비엔(여행자 거리)

호치민에서 '부이비엔'이라고 불리는 여행자 거리는 한 번쯤 꼭 들러봐야 한다. 입구에는 전통 모자인 논 형상의 네온사인이 밝게 켜져 있고, 이곳을 기점으로 좌우의 상점들에서는 서로 경쟁이라도 하듯 화려한 조명을 밝히며 커다란 노랫소리가 흘러나온다. 밤이 되면 더더욱 엄청난 에너지에 덩달아 몸이 들썩여지는 곳이다. 배낭 여행자의 명소라 불리는 태국 카오산 거리와도 비슷한 듯 또 다른 풍경이다.

안쪽으로 들어가면 다양한 음식점들이 있는데 고급 레스토랑보다는 편안한 길거리 음식을 즐기기에 좋은 곳이라

고 보면 된다. 포장마차 같은 리어카에 다양한 재료를 진열해 놓고 즉석에서 구워 팔기도 하는데, 동남아에서 볼 수 있는 특유의 야시장 분위기가 물씬 느껴진다. 나는 나름대로 깨끗해 보이는 곳에 자리를 잡았는데, 특히 우렁 종류의 요리가 저렴하면서도 쫄깃한 맛이 일품이었다.

부이비엔 Bui Vien
Phạm Ngũ Lão, Quận 1, Thành phố Hồ Chí Minh
노트르담 대성당에서 차로 약 10분

맛집 한국인 입맛에도 찰떡인 맛집들

꾸안 옥 부(해산물 거리)

베트남은 음식이 비교적 한국인들의 입맛에 잘 맞아서 한식이 덜 생각나는 나라 중 하나인데, 개인적으로 호치민은 베트남 안에서도 미식 수준이 높은 곳이라고 느꼈다. 그중에서도 특히 압도적으로 기억에 남는 맛집이 바로 이곳이다. 해산물을 파는 가게들이 늘어

져 있는 거리인데, 현지 분과 함께 방문했다가 뜻밖의 훌륭한 맛에 엄청 감탄했다. 숯불에 구워 나오는 치즈 가리비 구이, 새우구이, 조개탕, 볶음밥 등 여러 메뉴가 모두 최고였다. 메뉴가 그림으로 되어 있지 않은 게 아쉽지만, 처음 방문한다면 사진을 보여주면서 주문하면 쉽다.

꾸안 옥 부 Quan Oc Vu
37 Vĩnh Khánh, Phường 8, Quận 4, Thành phố Hồ Chí Minh
떤딘 성당에서 차로 약 20분
+84 90 893 5592

하노이 분짜 푸미흥 지점 Bún chả Hà Nội - Phú Mỹ Hưng
34 Cao Triều Phát, Tân Phong, Quận 7, Thành phố Hồ Chí Minh
꾸안 옥 부에서 차로 약 15분
+84 90 620 5604

하노이 분짜(일본인 거리)

호치민은 외국 기업이 많이 들어와 있는데 특히 일본인 거리는 정말 일본에 온 것 같은 착각이 들 정도다. 유럽 스타일의 세련된 레스토랑이나 카페, 베이커리, 현지의 로컬 식당까지 선택의 폭도 넓다. 일본인 거리를 구경하다가 베트남 전통 음식을 먹고 싶다면 하노이 분짜를 추천한다. 분짜가 하노이 지방 음식이다 보니 다른 지역의 분짜 맛집도 '하노이'가 붙어 있다. 하노이에 가지 않고도 하노이 스타일의 분짜를 먹을 수 있는 셈이다. 본토에서 먹는 것만큼은 아

포피스 Pizza 4P's Ben Thanh
8 Thủ Khoa Huân, Phường Bến Thành, Quận 1, Thành phố
Hồ Chí Minh 700000
떤딘 성당에서 차로 약 10분

니지만 현지인들에게 인기가 매우 높아서, 바로 앞에 그랩 푸드 기사들이 줄을 서 있는 모습도 볼 수 있다. 이곳에서 숯불에 구운 고기를 국수에 담가 먹는 분짜는 짭조름하면서도 잊을 수 없는 맛이다. 스프링롤 튀김도 항상 같이 시켜서 먹는데, 이곳에서는 고구마와 새우를 함께 튀겨 더 독특하다.

포피스

베트남에서 꼭 가봐야 하는 음식점 중의 하나다. 화덕에 굽는 이

탈리안 스타일 피자를 파는 곳인데, 워낙 유명해서 하노이와 다낭 등 베트남 곳곳에서 체인점을 찾아볼 수 있다. 하지만 같은 포피스여도 가장 맛있는 집은 단연 호치민 지점이다. 나는 벤탄시장(Ben Thanh Market) 뒤편에 있는 호치민 지점을 처음 방문했는데, 내 상상과 전혀 다른 고급스러운 분위기에 깜짝 놀랐다. 2층에 커다란 화덕이 두 개나 있어 3층에 자리를 잡으면 피자가 구워지는 모습을 실시간으로 내려다볼 수 있다. 이 화덕에서 15분 정도 구워져 나온 피자가 바삭하고 고소해서 평소 좋아하지 않는 테두리 부분까지 남김없이 먹었다. 인기가 많다 보니 평일에도 점심 시간에는 항상 테이블이 꽉 차기 때문에 점심 시간보다 조금 서두르는 편이 좋다. 피자 한 판에 1만 5천 원 정도로 다소 가격이 있지만, 그래도 한국과 비교하면 훨씬 저렴하다.

마사지/쇼핑 쇼핑부터 힐링까지

벤탄시장

벤탄시장에서는 정말 수많은 물건이 쌓여 있는 복작복작한 공간에서 의외의 득템도 노려 볼 수 있다. 다만 여기서 가격 흥정을 잘해야 한다. 절반 정도는 깎아야 본래 가격이니, 소심하게 깎지 말고 과감하게 흥정하자. 카드 지갑이나 일반 지갑은 40만, 운동화나 신발은

벤탄시장 Ben Thanh Market
Đ. Lê Lợi, Phường Bến Thành, Quận 1, Thành phố Hồ Chí Minh
호치민 통일궁에서 도보로 약 10분
+84 283 829 9274

40~60만, 가방 종류는 50~80만 동 정도면 적절한 가격이다. 물건이 다 비슷해 보지만 유독 신발은 상점마다 퀄리티가 조금씩 다르니 매의 눈으로 살펴보는 기술이 필요하다. 원하는 물건을 저렴하게 득템하고 나면 뿌듯한 마음으로 시장을 나서게 된다. 참고로 사이공 스퀘어(Sigon Square)와 벤탄시장 중에서 어딜 갈지 고민된다면 벤탄 쪽을 추천한다. 사이공 스퀘어는 똑같은 물건을 예쁘게 포장해서 전시해 놓은 곳이니 굳이 둘 다 갈 필요는 없을 듯하다.

22스파 22spa
100 Đề Thám, Phường Cầu Ông Lãnh, Quận 1, Thành phố Hồ Chí Minh
벤탄시장에서 차로 약 6분
+84355666722

22스파

쇼핑을 하면서 정신적으로 힐링했다면 이제 몸의 피로를 풀어 줘야 하는 코스다. 22스파의 다양한 코스 중에서 스페셜 마사지를 받으면 오일, 타이, 오이 팩, 허브 찜질 등이 포함되어 몸을 노곤노곤 녹여 버린다. 코타키나발루로 여행을 갔을 때 스파 방식이 22스파와 비슷해서 놀랐는데, 알고 보니 그곳 사장님이 22스파에서 받아 보고 너무 좋아 도입했다고 한다. 시작부터 끝까지 동일한 압력을 유지하는 숙련된 기술부터, 뜨끈한 허브 베개를 목 뒤에 놨다가 또 배 위에 놓기도 하는 찜질까지 온몸을 따뜻하게 녹여 준다.

TIP
함께하면 좋은 일정 추천 — 푸꾸옥

[호텔] 리조트 풀만

아코르(Accor) 계열의 호텔은 보통 풀만-노보텔-소피텔로 갈수록 럭셔리급이라서 풀만을 예약할 때 큰 기대를 하지 않았는데, 막상 가 보니 생각이 바뀌었다. 룸레잇이 저렴한 편이었는데 수영장과 프라이빗 비치의 규모가 엄청나서 정말 깜짝 놀랐다. 알고 보니 국가에서 푸꾸옥 리조트 관광 활성화를 위해 지원을 해 주었다고 한다. 나는 오션 뷰 디럭스룸에 묵었는데 하늘색 계열이 섞인 인테리어와 둥글고 커다란 욕조, 화장실의 더블 세면대와 배스솔트까지 각종 디테일이 디자인 호텔 같은 느낌이 물씬 났다. 내부 중앙에 엄청 큰 수영장이 있고, 중앙에는 풀사이드 바가 있다. 아이들이 놀기 좋은 전용 풀장도 따로 있어서 가족 단위로 방문해도 좋을 듯하다.

리조트 풀만 Pullman Phu Quoc Beach Resort
Commune, Group 6 Ban Quy Hamlet, Tp. Phú Quốc, 920000
푸꾸옥 국제공항에서 차로 약 15분
+842972679999

[호텔] 프리미어 빌리지 리조트

전 객실이 풀빌라로 되어 있는 럭셔리 리조트로, 지도상으로 남쪽 가장 끝단에 위치해 있다. 규모가 정말 엄청나 내부에서 버기로 이동을 해도 5분을 넘게 가야 할 정도도. 넓은 메인 수영장은 물론이고 개인 풀장, 프라이빗 비치, 카약 패들보트까지 리조트 내부에 즐길 거리가 많아 짧게 머물면 아쉬울 정도다. 룸에는 간단한 조리가 가능한 조리도구와 식기가 세팅되어 있고, 룸 인테리어도 상당히 고급스러운 느낌이다. 마치 영화 속 한 장면에 들어와 있는 것처럼 매 순간이 특별해지는 멋진 곳이었다. 같은 규모의 리조트라도 발리나 세부에서는 훨씬 비싼데 베트남은 그에 비해 저렴한 가격에 즐길 수 있으니, 이때를 기회로 초호화 리조트를 경험해 보면 다른 어느 멋진 여행지도 부럽지 않을 것이다. 더불어 근처에 케이블카가 가까이 있으니 하루 낮 코스로 혼똠섬에 다녀오는 것도 좋을 듯하다.

프리미어 빌리지 리조트 Premier Village Phu Quoc Resort
Mũi Ông Đội, An Thới, Tp. Phú Quốc, Kiên Giang
푸꾸옥 국제공항에서 차로 약 40분
+842973546666

[호텔] 인터컨티넨탈 푸꾸옥

인터컨티넨탈은 가격대가 비싸긴 하지만 실제로 방문해 보니 확실히 납득할 수 있을 만큼 럭셔리하고 고급스러운 분위기를 느낄 수 있었다. 룸 내부도 굉장히 넓고, 수영장은 키즈용과 성인용이 완전히 따로 분리되어 있어 커플끼리 방문하면 조용하게 힐링하기 좋다. 바로 앞에 프라이빗 비치가 있고, 한국인 매니저가 상주해 있어서 더 편했다.

인터컨티넨탈 푸꾸옥 InterContinental Phu Quoc Long Beach Resort
Bai Truong, Dương Tơ, Ward, Kiên Giang 920000
푸꾸옥 국제공항에서 차로 약 15분
+842973978888

[호텔] 라하나 리조트

대형 체인 호텔과는 전혀 다른 느낌의 아담하고 자연 친화적인 분위기를 가진 숙소다. 디럭스 룸이 가장 저렴하지만 라하나 리조트의 진가를 느끼려면 가격 차이가 크게 나지 않는 방갈로 타입을 선택하는 것을 추천! 자연 속의 독채 건물에서 프라이빗한 휴식을 즐길 수 있다. 특이한 점은 샤워기가 외부에 있고 화장실 자체가 야외와 연결되어 있는 구조라서 자연 속에서 샤워를 하는 느낌이다. 조금 낯설긴 하지만 당연히 외부에서 들여다볼 수는 없게 되어 있다. 리조트가 바다 쪽이 아니라 언덕에 위치해 있는데도 멀리에 수평선이 보여서 뷰를 바라보며 초록빛 정원을 산책하는 것도 좋고, 마치 숲과 정글에 둘러싸인 듯한 널찍한 인피니티 풀장에서 물놀이를 하는 것도 행복한 시간이 된다. 저렴한 비용으로 묵었는데도 발리의 럭셔리한 우붓 숲속 리조트 같은 기분도 들었다. 대신 워낙 숲에 둘러싸여 있다 보니 개구리나 달팽이가 종종 보인다. 리조트 정문에서 5분 정도 걸어 나가면 레스토랑이 몇 군데 있는데, 케밥과 터키 음식을 하는 '이스탄불'이라는 식당도 괜찮고 중국 사천 음식을 하는 식당도 맛있었다.

라하나 리조트 Lahana Resort Phu Quoc
6X48+R5R, TT. Dương Đông, Phú Quốc, Kiên Giang
푸꾸옥 국제공항에서 차로 약 17분
+842973970888

[관광] 인생 샷 명소, 선셋사나토

선셋사나토는 푸꾸옥의 대표적인 관광지 중에 하나로 바다 위에 코끼리 조형물이 유명한 곳이다. 코끼리 조형물 외에도 사진을 찍을 만한 포인트가 곳곳에 있는데, 사실 너무 많은 기대를 하고 가면 실망할 수 있지만 해질 무렵에 방문하면 꽤 멋진 사진을 건질 수 있다.

선셋사나토 Sunset Sanato Beach Club
Dương Tơ, Phú Quốc, Kiên Giang 92000

푸꾸옥 국제공항에서 차로 약 10분
+842976266662

[맛집] 야시장

푸꾸옥의 야시장은 태국 방콕에 있는 카오산로드처럼 여행자들의 거리로 유명하다. 다양한 음식이나 특산물, 기념품들을 만나볼 수 있는데, 대부분의 호텔에서 셔틀 버스가 다니니 이를 잘 활용해서 왕복으로 이동하면 좋다. 야시장에서 가장 흔하게 볼 수 있는 건 바로 초록색 통후추다. 우리나라에서 먹는 후추의 대부분이 베트남산인데, 바로 푸꾸옥이 전 세계적으로 가장 유명한 후추 생산지다. 그 외에도 열대과일이나 흔히 즐겨 먹는 반미, 바로 구워서 파는 해산물 등 길거리 음식이 다양하다. 또 세계적인 진주 생산지이기도 해서 퀄리티 좋은 진주도 많이 판매하고 있으며 잘 살펴보면 좋은 퀄리티의 진주를 저렴하게 득템하는 기회를 잡을 수 있다. 작은 팁을 주자면 시장 거리 깊숙이 들어가면 더 저렴하고 조용한 레스토랑들이 많다. 랍스터와 크랩 종류는 베트남에서도 비싼 편이고, 오징어도 우리나라에서는 흔하지만 베트남에서는 귀한 식재료다. 대신 조개류를 주문하면 우리나라보다 훨씬 크기도 크고 쫄깃해서 맛있게 먹을 수 있다.

푸꾸옥 야시장 CHO DEM PHU QUOC
54 Đường Nguyễn Trãi, Khu 1, Phú Quốc, Kiên Giang
푸꾸옥 곡제공항에서 차로 약 20분
http://www.chodemphuquoc.com

Republik Indonesia
인도네시아

발리는 동남아지만 지리적으로 멀기 때문에 비행 시간이 직항으로 7시간 반이 걸리고 항공권도 비싸다. 웬만한 유럽과 비슷한 정도임에도 꾸준히 인기 있는 이유는 각 지역마다 다른 나라를 방문한 것처럼 럭셔리와 로컬이 혼재하는 다양한 경험을 만끽할 수 있기 때문일 것이다. 저녁으로는 그랩 푸드를 시켜서 3천 원짜리 바비굴링을 먹고, 때로는 1박에 50만 원짜리 초호화 풀빌라에서 럭셔리한 휴양을 즐길 수도 있는 곳이 발리다. 나 역시 수많은 곳에 여행을 다니면서도 발리에서는 유독 오래 머물렀다. 2005년에 자유 여행을 시작으로 11번의 여행, 그리고 한 달 살기를 두 번이나 했는데도 여전히 다시 가고 싶을 만큼 매력적인 곳이다.

환율

1000원 = 약 11,400루피아(IDR)

날씨

우리나라 6월부터 10월까지가 발리에서는 건기다. 그래서 우리나라의 여름 휴가에 맞춰서 즐기기에도 좋은 곳이다. 우기에 가면 비가 와서 우중충하고 발리를 100% 만끽하기 어려우니 꼭 건기에 방문하자.

오토바이 렌트

발리는 이동 거리가 멀어 택시비가 하루에 2만 원 넘게 나오기도 한다. 그래서 면허를 취득해 오토

바이를 렌트하는 경우도 많다. 한국 면허가 있어도 꼭 발리에서 따로 면허를 취득해야 하고, 면허 없이 다니다가 경찰에게 발각되면 비싼 벌금을 내야 한다. 다만 예전에는 6개월 단위로도 면허를 구매할 수 있었는데 지금은 5년짜리를 20만 원에 구매해야 해서 렌트보다는 그랩 택시를 타는 걸 추천하고 싶다.

귀국 24시간 전 신속항원검사

귀국 하루 전에 RAT(Rapid Antigen Test)를 받아야 한다.

발리

호텔 한 달 동안 가성비부터 럭셔리까지

포 포인츠 바이 쉐라톤 웅가산

발리에는 유명한 리조트가 정말 많다. 세인트레지스(St. Regis), 식스센스(Six Senses), 불가리(Bulgari), 카르마 칸다라(Karma Kandara), 더 리츠 칼튼(The Ritz-Carlton), 주마나(Jumana, 구 반얀트리Banyan Tree) 등 행복한 고민이 펼쳐지는 시간이지만, 한 달 이상의 장기 투숙은 4성급 호텔을 기본으로 하는 것이 부담이 적다. 가루다 공원 근처에 있는 포 포인츠는 1박에 8만 원대로 가성비도 좋고 위치도 훌륭하다. 또한 5성급을 능가하는 조식과 직원 서비스에 굉장히 만족스러운 경험을 할 수 있었다. 수영장이 조금 작긴 하지만 풀 액세스 룸을 받으면 물놀이하기도 편리하고, 큰 방을 원한다면 스위트 룸을 선택해서 거실이 있는 더 여유로운 공간에서 쉴 수 있다.

포 포인츠 바이 쉐라톤 웅가산 Four Points by Sheraton Bali, Ungasan
Jalan Raya Uluwatu, Banjar Giri Dharma Ungasan 80364
응우라라이 국제공항에서 차로 약 30분
+62 361 8498000

힐튼 발리 리조트

발리에 오면 보통 꾸따나 스미냑(Seminyak) 지역으로 가는 경우가 많은데, 누사두아(Nusa Dua)는 꾸따 비치와는 또 다른 나라에 온 것 같은 매력이 있다. 꾸따 비치가 젊음과 열기 가득한 에너지가 있는 곳이라면, 누사두아는 조용하고 럭셔리한 리조트 단지라 어느 유럽에 온 것 같은 느낌이 든다. 특히 누사두아 중에서도 남쪽, 빤다와(Pandawa) 비치 근방으로 향하는 쪽의 바다는 말을 잇지 못할 정도로 아름다운 에메랄드 빛이다. 사진 한 장만 봐도 '발리에 이렇게 예쁜 바다가 있었어?' 하고 놀라게 된다. 특히 힐튼 발리 리조트에

가면 이 근사한 바다 빛깔을 한껏 즐길 수 있다. 아이들도 놀기 좋은 워터 슬라이드와 인공 비치가 있고, 풀 액세스 룸에서 너무나 편하게 휴식할 수 있는 곳이다. 발리는 워낙 호텔이 저렴하고 선택의 폭이 넓어 거리가 멀긴 하지만 막상 도착하면 즐길 거리가 풍성하다.

바이스로이 발리

발리에서 한 달 살기를 하면서 대략 10개의 리조트와 호텔에서 투

힐튼 발리 리조트 Hilton Bali Resort
Jl. Raya Nusa Dua Selatan, Benoa, Kec. Kuta Sel., Kabupaten Badung, Bali 80363
응우라라이 국제공항에서 차로 약 30분
+62361773377

바이스로이 발리 Viceroy Bali
Br. Nagi, Jl. Lanyahan, Petulu, Kecamatan Ubud, Kabupaten Gianyar, Bali 80571
응우라라이 국제공항에서 차로 약 1시간 20분
+62 361 971777

숙을 했는데, 그중에서도 가장 기억에 남는 곳이 우붓 중심에 위치한 '바이스로이'다. 예전에는 짐바란(Jimbaran)이나 누사두아 부근의 리조트가 인기 있었는데 요즘 트렌드가 바뀌면서 주로 울루와뚜(Uluwatu) 절벽과 우붓(Ubud) 쪽에 정말 럭셔리한 리조트들이 위치해 있다. 특히 멋진 대자연 속에서 어우러지는 구조로 설계되어 자연 속의 진정한 힐링을 느낄 수 있다. 발리 신혼 여행을 계획하고 있는 신혼부부에게 강력 추천하는 곳이다.

객실은 새롭게 단장한 디럭스 테라스 풀빌라를 선택했는데, 객실 내부는 클래식하고 따뜻한 스타일로 침실과 거실이 함께 있었다.

욕실은 오픈 구조이고 중앙에 커다란 욕조가 있어서 반신욕 하기에도 그만이다. 화장실과 샤워실이 각각 분리되어 있고, 세면대가 두 개라 더욱 깔끔하고 편하게 사용할 수 있다.

이곳의 하이라이트는 깊은 숲속 계곡의 절벽에 위치하고 있는 풀장이다. 프라이버시가 완벽한 것은 물론이고 마치 정글 한가운데 들어와 있는 것 같은 느낌마저 드는 곳이다. 날씨가 맑아도 좋지만 비가 오는 날도 우붓의 특별한 운치를 느낄 수 있다. 고요한 가운데 나뭇잎에 떨어지는 빗소리를 들으며 수영하는 경험이라니, 평생 다시 없을 순간이었다. 수영장 안에서 밖을 내다보면 무성한 풀숲 아래

로 흐르는 강에서 물소리가 들려온다. 바다도 좋지만 숲의 매력을 새롭게 느낄 수 있는 근사한 장소였다.

전 객실이 풀빌라이기 때문에 종일 객실에 머물러도 좋지만, 메인 수영장도 가 보지 않을 수 없다. 레스토랑 옆에 위치한 곡선형 수영장 역시 더없이 아름답다. 객실 풀빌라를 이용하는 사람이 많다 보니 메인 수영장도 한가하고 여유롭게 이용할 수 있다. 넓고 탁 트인 인피니티 수영장에서 초록빛 풍경을 바라보고 있으면 마치 태초의 자연으로 돌아간 듯한 착각도 든다. 거기에 빈땅(Bintang) 맥주와 신선한 코코넛 한잔! 세계적으로 발리 풀빌라가 유명하지만 그중에서도 숲속 절벽에 위치한 바이스로이는 다른 곳에서 느낄 수 없는 자연의 감동을 경험할 수 있어서, 조금 욕심내더라도 한 번쯤 머물러 보기를 꼭 추천하고 싶은 곳이다.

르네상스 발리 울루와뚜 리조트

발리는 여러 지역의 리조트 단지로 나뉘는데, 울루와뚜 근방에는 식스센스, 불가리 등 1박에 100만 원을 오가는 초호화 고급 리조트가 모여 있다. 그중에 르네상스 울루와뚜는 고급 리조트치고 저렴

한 편인데다 가격 대비 시설도 훌륭한 호텔이다. 언덕 위에 위치해 있어 하늘이 바로 반사되는 인피니티 풀이 환상적이고, 웅장한 로비와 감각적인 객실 디자인이 예뻐서 허니문으로도 인기가 많다. 바다와는 조금 거리가 있지만 셔틀버스로 루스터피쉬 비치 클럽(Roosterfish Beach Club)까지 무료 운영하고 있기 때문에 문제가 되지 않는다. 루스터피쉬 비치 클럽은 남쪽 빤다와 비치 근방에서 상

르네상스 발리 울루와뚜 리조트 Renaissance Bali Uluwatu Resort
Jalan Pantai Balangan 1 No 1, Ungasan, 80361
응우라라이 국제공항에서 차로 약 30분
+62 361 2003588

당히 유명한 곳인데, 원래 입장시에 써야 하는 미니멈 차지가 있다. 좌석마다 다르지만 선베드는 약 10만 루피(5만 원) 정도다. 하지만 르네상스 호텔에서 운영하기 때문에 투숙객의 경우 미니멈 차지 없이 즐길 수 있다는 것도 장점이다.

관광/투어 세상을 다 가진 듯한 인생 샷 명소

더 엣지 발리

발리에는 수만 가지의 멋진 장소들이 워낙 많지만 이곳은 한층 특별하다. 깎아내린 듯한 절벽 위에 투명한 수영장을 보면 한눈에 반하지 않을 수 없다. 1박에 90만 원 가까이 되는 럭셔리 리조트인데 데이패스로 투숙을 제외한 호텔 시설을 마음껏 이용할 수 있었다.

TIP
데이패스로 럭셔리 호텔 즐기기

최근에는 5성급 호텔도 가격이 많이 낮아졌지만, 여전히 럭셔리 리조트를 이용하기에는 가격이 부담될 수 있다. 그럴 때 데이패스를 구매하면 숙박하지 않아도 하루종일 수영장이나 시설을 이용할 수 있을 뿐 아니라 구매한 금액 내에서 음식까지 즐길 수 있다. 합리적인 가격에 호화로운 하루를 즐길 수 있는 꿀팁이다. 나는 클룩에서 데이패스 입장권을 구매해 2만 원대 저렴한 가격에 이용했다.

더 엣지 발리 The edge Bali
Jalan Pura Goa Lempeh Banjar Dinas Kangin Pecatu, Uluwatu, Kec. Kuta Sel., Kabupaten Badung, Bali 80361
응우라라이 국제공항에서 차로 약 40분
+62 361 8470700

울루와뚜 사원

약 11세기 경에 지어진 것으로 알려진 긴 역사를 지니고 있는 절벽 사원으로, 발리의 대표적인 관광지 중 하나다. 울루와뚜 사원과 그 주변 절벽 아래로 보이는 바다의 웅장한 경관은 정말 환상적이다. 보고 또 봐도 절벽 아래로 몰아치는 파도와 그 광활한 풍경은 비현

울루와뚜 사원 Pura Luhur Uluwatu
Pecatu, Kec. Kuta Sel., Kabupaten Badung, Bali
더 엣지 발리에서 차로 약 15분

실적인 감동을 안겨 준다. 다만 울루와뚜 사원은 주변에 원숭이가 많은데, 원숭이가 매우 공격적이고 소지품을 훔쳐갈 수도 있기 때문에 가까이 가지 않도록 주의를 기울여야 한다.

GWK 파크

울루와뚜 근처에 있는 공원으로, 인도네시아의 상상 속 새인 가루다의 커다란 동상이 유명하다. 워낙 동상의 규모가 커서 실제로 보면 매우 근사하고 멋지지만, 막상 내부로 들어가면 가루다 동상 이

GWK 파크 Garuda Wisnu Kencana Cultural Park
Jl. Raya Uluwatu, Ungasan, Kec. Kuta Sel., Kabupaten Badung, Bali 80364
울루와뚜 사원에서 차로 약 25분
+62 361 700808

외에는 크게 볼거리가 없어서 시간이 없다면 멀리서 보는 것만으로도 충분하다. 하지만 해질 무렵에는 무료로 케착 댄스를 볼 수 있다는 것이 독특한 점이다. 케착 댄스는 발리에서 유명한 댄스 공연 중 하나인데, 원래 울루와뚜에서 케착 댄스를 보려면 따로 비용을 내야 하지만 이곳에서는 무료로 관람할 수 있다.

스미냑 비치
발리에서 일몰 명소를 찾는다면 단연 스미냑이다. 해가 지는 순간 빛이 완전히 사라지기까지 대략 1시간 30분 동안, 붉은빛에서 보랏빛으로 변하는 마법 같은 순간은 그야말로 황홀함 그 자체다. 스미냑은 외국인들이 가장 많이 모여드는 핫 플레이스이다 보니, 백사장을 따라 파라솔이 끝없이 늘어서 있다. 유명한 비치클럽 앞에는 사람들이 북적이기도 하지만 워낙 넓은 해변이기 때문에 조용한 곳도 얼마든지 찾을 수 있다. 빨간 비치 파라솔과 파란 바다는 마치 한 폭의 그림처럼 어울려서, 우리가 흔히 생각하는 꿈의 휴양지에 온 기분이 들 정도다. 특히 일몰 때가 되면 비어 있던 빈백들에 사람들이 가득 찬다. 간혹 서핑을 하는 사람들도 있지만, 꾸따 비치에 비해 파도가 높아서 비교적 숙련된 사람들만 즐길 수 있다.

꾸따 비치
자유로운 영혼과 젊음을 만끽할 수 있는 곳! 꾸따 비치에서는 탁 트

스미냑 비치 Seminyak beach
8554+HV6, Seminyak, Kec. Kuta, Kabupaten Badung, Bali
GKW 파크에서 차로 약 40분

인 바다를 바라보고 있는 것만으로도 해방감이 밀려온다. 발리에서 한 달 살기를 한다면 꾸따 비치에서 서핑을 한번 도전해 보는 것도 좋다. 사실 나처럼 운동신경이 없는 사람에게는 정말 어렵긴 하지만, 바다와 파도를 진정 온몸으로 느껴볼 수 있는 기회가 아닐까 싶다. 나는 배워도 배워도 서핑이 늘지 않아 그냥 비치클럽에 앉아 바다를 바라보고 물속에 발도 담그면서 시원한 빈땅 맥주를 마시는 즐거움을 택했다. 참고로 빈땅 맥주 중에서도 개인적으로 좋아하는 건 상큼한 레몬맛 라들러다.

꾸따 비치 Pantai Kuta
Kec. Kuta, Kabupaten Badung, Bali
스미냑 비치에서 차로 약 20분

맛집 **현지인이 인정하는 로컬 맛집**

이부오카 3호점

서양 관광객들에게 가장 인기 있는 바비 굴링 집이다. 발리에는 총 세 군데의 이부오카 지점이 있는데, 우붓의 3호점을 방문하면 멋진 대나무 뷰와 함께 맛있는 음식을 즐길 수 있다. 바비 굴링은 발리의 전통 음식으로, 일종의 돼지 바비큐라고 보면 된다. 원래 인도네시아 현지식은 매운 것을 선호하는 편이지만 이곳은 외국인 관광객의 입맛에 맞춰서 상대적으로 덜 맵게 만들어 먹기 좋다. 양은 현지식보다 2배 정도 많지만 가격도 2배 정도 비싸다. 그러나 발리 여행을

이부오카 3호점 Warung Babi Guling Ibu Oka 3
Jl. Tegal Sari No.2, Ubud, Kecamatan Ubud, Kabupaten Gianyar, Bali
꾸따 비치에서 차로 약 1시간 15분
+62 361 976345

한다면 한 번쯤 가 보면 좋은 맛집이다.

레공 붐부 발리 레스토랑 & 짐바란 수산시장

해변에서 해산물을 판매하는 레스토랑으로, 분위기가 워낙 좋아서 팬데믹 이전까지 허니문 관광객들의 필수 코스 중 하나였다. 예전에는 관광객을 대상으로 음식 가격을 비싸게 받는다는 불만도 있었지만 최근에는 관광객이 줄어들면서 가성비 좋고 합리적인 가격으로 즐길 수 있게 됐다. 씨푸드 세트를 주문해도 되고 근처의 짐바란

짐바란 수산시장 Pasar Ikan Kedonganan
65R9+XCQ, Jl. Pantai Kedonganan, Kedonganan, Kec. Kuta, Kabupaten Badung, Bali
꾸따 비치에서 차로 약 20분

레공 붐부 발리 레스토랑 Legong Bumbu Bali
Jl. Pantai Kedonganan No.20, Kedonganan, Kec. Kuta, Kabupaten Badung, Bali 80361
꾸따 비치에서 차로 약 20분

수산시장에서 재료를 사와 굽는 비용만 추가로 내고 먹을 수도 있다. 후자가 아무래도 더 저렴하지만, 어렵게 느껴진다면 메뉴판을 보고 간단히 주문해도 멋진 분위기 속에서 맛있는 해산물을 즐길 수 있다.

우붓 피손 카페

우붓에서 인생 샷을 남기기 좋은 라이스테라스 뷰 카페다. 사실상 벼가 자라는 논 뷰라서 우리에게는 흔히 볼 수 있는 익숙한 모습 같지만 서양 관광객들은 매우 신기해하는 풍경이다. 또 막상 사진을

> 우붓 피손 카페 Pison Ubud
> Jl. Hanoman No.10X, Ubud, Kecamatan Ubud, Kabupaten Gianyar, Bali 80571
> 꾸따 비치에서 차로 약 1시간 10분
> +62 813 3774 9328

찍어 보면 느낌 있게 잘 나와서, 커피를 한 잔 마시면서 인생 샷을 남기기 좋다. 리조트가 함께 있어서 정원이 매우 넓고 분위기가 좋을 뿐 아니라 건물도 고급스러운 스타일이라 지나가다가 봐도 금방 눈에 띈다. 내부 인테리어도 단정하고 예쁘지만 테라스에 앉아 넓게 펼쳐진 뷰를 바라보면 더욱 운치 있다. 현지 물가와 비교하면 커피가 한 잔에 4천 원 정도로 비싼 편이지만, 자리가 없어서 못 앉을 만큼 인기가 높은 장소다.

한식당 부엌

발리에서 한 달 살기를 하다가 한식이 먹고 싶은 날에는 한식당 부엌이 제격이다. 사누르 근방에 위치해 있어서 우붓을 가기 전에 들르면 좋다. 전라도식 냉면과 국밥을 먹을 수 있는데, 정말 한국에 있는 웬만한 식당보다 맛있다. 더불어 내부에 기념품 숍도 함께 있으니 오랜만에 제대로 된 한식을 먹으면서 기념품도 구경해 보자.

한식당 부엌 MU(MULIA USAHA) BALI
87R6+XV Kesiman, Denpasar City
꾸따 비치에서 차로 약 40분

TIP
발리 환전 사기 주의하기

해외에서 한 달 살기를 하려면 좋은 숙소나 관광지를 선택하는 것 외에도 실질적으로 신경 쓸 부분이 많다. 특히 돈 문제는 가장 중요하기 마련인데, 발리에서 주의해야 할 점 중에 하나가 바로 환전 사기다. 발리에서 10년간 살며 여행사를 운영 중인 사촌의 경험에 의하면, 인도네시아는 가뜩이나 부정부패가 많고 사기도 많이 일어나고 있어 주의해야 할 필요가 있다고 한다. 하지만 아름다운 발리의 장점도 많기 때문에 지레 겁먹고 포기하기보다는 조심, 또 조심하는 경각심이 필요한 부분인 것 같다.

주된 사기 수법

1. 돈 세는 걸 확인했는데 호텔에 돌아와서 세어보면 돈이 모자라다.
돈을 세고 나서 몰래 빼내는 수법이다. 환전을 하고 나면 항상 환전소 직원이 보는 앞에서 내 손으로 다시 한 번 세어 봐야 한다. 모자라면 더 달라고 하면 된다. 이 수법은 굉장히 흔해서, 관광객은 물론이고 발리에서 10년 넘게 살며 심지어 그 나라 언어를 쓰는 사람에게도 사기를 친다고 한다. 지인의 경험으로는 돈을 받아 세어 보고, 모자라서 다시 직원에게 줬다가 또 받아서 세는 걸 세 번이나 반복한 뒤에야 직원이 대놓고 수수료를 요구하고 제대로 환전해 줬다고 한다.

2. 5만 루피 대신에 5천 루피를 준다.
발리 화폐에서 헷갈리기 쉬운 5만 루피와 5천 루피를 바꿔치기하는 유형이다. 발리 화폐에 '0'이 많아서 헷갈릴 수 있는데, 0의 개수를 자세히 살펴봐야 한다. 나도 이 사기에 당할 뻔했으나 다행히 남편이 발견해서 해결할 수 있었다.

3. 사기를 당하지 않았다고 해도 안심하지 말자.
처음에 환전을 제대로 해 줘도 두 번째에 사기를 칠 수 있다. 나도 처음에 제대로 환전해 줘서 같은 곳에 다시 방문했는데 두 번째에는 사기에 당했다. 안심하지 말고 환전할 때마다 주의해서 확인하도록 하자.

4. 큰 돈을 한꺼번에 환전하면 안 된다.
100달러 이상 되는 큰 돈을 한꺼번에 환전하면 헷갈리기도 쉽고 사기의 금액도 더 커진다. 천 원 단위로 사기당할 일을 만 원 단위로 당하게 되는 것이다. 숫자에 약한 사람이라도 100달러 이내로 자주 환전하면 사기를 피하기 쉬우니 귀찮다고 한 번에 환전하지 말고 여러 번 나눠서 하자.

그나마 내가 여러 번 환전하면서 유일하게 환전 사기를 당하지 않은 곳이 있다. 꾸따 비치의 비치워크(Beach Walk) 몰에서 오른쪽으로 10분쯤 걸어 내려가 베스트웨스턴 꾸따로 들어가는 골목에 보이는 미니 마트 안쪽에 있는 환전소. 내 경험상 추천하는 곳이지만, 그래도 항상 주의해서 나쁠 것은 없다. 큰 돈을 사기당하지 않더라도 환전 사기를 당하면 기분이 나쁜 건 어쩔 수 없다. 다만 워낙 빈번하게 일어나는 일이니 기분 좋은 여행을 망치지 말고, 가능한 소액 환전을 하면서 금액을 꼼꼼히 확인해 주면 너무 걱정하지는 않아도 된다.

Malaysia

말레이시아

말레이시아의 코타키나발루와 쿠알라룸푸르는 같은 나라지만 섬이 아예 따로 떨어져 있다. 동쪽에 코타키나발루가 있고 서쪽에 수도인 쿠알라룸푸르가 있어서 두 지역의 기후나 분위기가 다르다. 일몰로 유명한 코타키나발루에서 휴양을 하고, 수도인 쿠알라룸푸르에서 시티 여행을 즐겨 보면 좋겠다.

환율

1000원 = 약 3.4링깃(MYR)

날씨

말레이시아는 전반적으로 1년 내내 덥고 습하다. 쿠알라룸푸르의 우기는 11월~3월, 코타키나발루의 우기는 10월~2월쯤이다. 쿠알라룸푸르가 코타키나발루에 비해서 더 더운 느낌이 있다.

추천 일정

코타키나발루 20일 > 쿠알라룸푸르 10일

말레이시아는 관광이 크게 발달했거나 볼거리가 많은 곳은 아니라서 배낭 여행처럼 촘촘하게 움직인다면 코타키나발루는 10일, 쿠알라룸푸르는 5일 정도면 충분하다. 하지만 일정을 정해두고 빠듯하게 움직이기보다 여행 기간 동

안 여유롭게 느긋한 시간을 즐기고 싶은 분들이 한 달 살기를 하기에 좋은 곳이다.

이슬람 문화

말레이시아는 이슬람 국가라서 우리나라처럼 쉽게 술을 살 수 없다. 마트에서 술을 살 수 있는 시간이 정해져 있고, 가격도 저렴하지 않다. 거의 호텔에서만 먹을 수 있다고 보면 된다.

코타키나발루

코타키나발루는 지역 자체가 굉장히 작다. 본토에서 조금 떨어져 있는 섬이라 청정 지역으로 꼽히고, 다른 동남아에 비해서도 매우 깨끗한 것이 장점이다. 우리나라에서 비행기로 5시간 정도 걸리는데, 필리핀보다 조금 멀지만 깨끗하고 안전한 곳이라 자유 여행을 하기도 좋다. 특히 우리나라의 여름인 7, 8월에 여행하기 좋은 건기를 맞는 동남아 휴양지는 발리와 코타키나발루이기 때문에 여름 휴가철에 동남아에 간다면 추천하는 여행지다. 내가 코타키나발루에 처음 다녀온 건 8년 전쯤인데, 새로운 볼거리보다는 긴 시간을 두고 특별한 계획 없이 즐기니 또 다른 힐링을 만끽할 수 있는 시간이었다. 스노쿨링도 하고 바다를 즐기기 위해 투어 프로그램을 예약해서 이용하는 걸 추천한다. 특히 한 달 살기를 한다면 다른 코스로 두세 개 투어 프로그램을 짜서 여러 섬에서 액티비티를 즐기는 것도 코타키나발루를 100% 만끽할 수 있는 좋은 방법이다.

힐튼 코타키나발루 Hilton Kota Kinabalu
Jln Tunku Abdul Rahman, Asia City, 88000 Kota Kinabalu, Sabah
코타키나발루 국제공항에서 차로 약 15분
+6088356000

[호텔] 휴양부터 음식까지 즐기는 해피아워

힐튼 코타키나발루

5성급으로 룸 컨디션이 좋으면서도 코타키나발루에서는 비교적 저렴한 편이라 만족스러웠던 호텔이다. 내가 가 본 힐튼 중에서도 라운지가 손에 꼽을 만큼 넓었다. 특히 코타키나발루에서는 다른 도

시보다 유독 인터넷이 느려서 고생했는데, 룸에서는 빠른 인터넷을 사용할 수 있다는 점이 만족스러웠다. 루프탑 수영장은 생각보다 넓지만 바다가 보이지 않는다는 점은 조금 아쉽다. 저녁 시간대에는 해피아워(호텔에서 손님이 드문 시간대에 간단한 식사와 간식, 음료를 무료로 제공하는 서비스)가 운영되는데 음식의 종류도 많고 호텔 내에서는 자유롭게 술도 마실 수 있다. 말레이시아에서는 쉽게 술을 살 수 없고 개인적으로는 현지 음식이 입에 잘 맞지 않아 호

텔에서 즐기는 해피아워가 더 소중했다. 참고로 힐튼에서 10분 정도 걸어가면 야시장을 구경할 수 있다. 재료를 골라 즉석에서 요리해 주는 곳도 있으며, 레스토랑보다 저렴하게 현지 음식을 즐길 수 있다.

머큐어 코타키나발루 시티 센터
코타키나발루에서 가장 가성비가 훌륭한 호텔이다. 바로 앞에 제셀

머큐어 코타키나발루 시티 센터 Mercure Kota Kinabalu City Centre
41, Jalan Gaya, Pusat Bandar Kota Kinabalu, 88000 Kota Kinabalu, Sabah, 말레이시아
+60 154876 1881

톤(Jessleton) 선착장이 있어서 투어나 자유 여행으로 개별 섬을 가기에도 매우 편리한 위치다. 단점이라면 객실의 크기가 상당히 작다는 것인데, 그래도 저렴하고 위치가 좋기 때문에 코타키나발루의 여러 섬으로 들어가 보는 투어 일정이 많다면 충분히 고려해 볼 만하다.

관광/투어 페리 타고 즐기는 섬 투어

제셀톤 포인트

제셀톤 포인트에서는 코타키나발루의 여러 섬으로 가는 공공 페리를 마치 버스처럼 타고 이동할 수 있다. 마무틱, 마누칸, 한 시간 정도 거리의 만따나니 등 여러 섬을 개별적으로 방문할 수 있는데 하

> TIP
> **숙소를 결정할 때 고려할 것**
>
> 코타키나발루에서는 제셀톤 포인트에서 관광할 수 있는 여러 섬으로 이동하기 때문에 제셀톤 포인트와 가까운 호텔을 선택하는 것도 좋다. 하지만 아무리 위치가 좋아도 룸이 정말 작거나 하드웨어 컨디션이 좋지 않은 호텔도 있기 때문에, 룸 컨디션을 중요하게 생각하는 편이라면 위치만 보고 숙소를 결정하는 것은 금물이다. 나는 제셀톤 포인트에서 5분 거리 호텔을 예약했다가 너무 좁고 불편해서 예약일을 다 채우지도 못하고 뛰쳐나온 적이 있다.

| 제셀톤 포인트

루에 하나씩 원하는 섬을 들어가 봐도 좋고, 혹은 투어 프로그램으로 방문해도 좋다. 일정이 가능하면 여러 개의 투어 프로그램으로 스노쿨링도 하고 각 섬을 둘러보는 것도 추천한다.

다만 자유 여행을 하면 대부분 제셀톤 포인트에서 갈 수 있는 섬만 선택하는데, 사람들이 많이 가는 섬은 그만큼 훼손이 많이 되어 실망할 수도 있다. 코타키나발루에서 정말 아름다운 에메랄드빛 바다를 보기 위해서는 시간이나 비용이 조금 들더라도 좀 더 멀고 인적이 드문 섬에 가야 자연 그대로의 아름다움을 더 가까이 접할 수 있다. 특히 한 달 살기는 급하게 여러 섬을 둘러보지 않아도 되니 뜻밖의 섬에서 만나게 될 기대 이상의 풍경을 기대해도 좋을 것이다.

뿔라우띠가 섬 호핑 투어

코타키나발루에서 호핑 투어를 예약하면 제셀톤 포인트에서 모이는 경우가 있는데, 이왕이면 호텔 픽업을 해 주는 상품을 신청하는 것이 더 편리하다. 나도 여러 개의 투어 프로그램을 경험해 본 바로는 바닷속의 수많은 열대어를 보고 오후에 반딧불 투어도 하며 덤으로 유황온천까지 하루 동안 다양한 재미를 즐길 수 있도록 알차게 짜여져 있었다.

그중 뿔라우띠가라는 섬은 마치 포카리스웨트 광고에 나올 법한 작은 섬이었는데 사람도 적고 조용해서 힐링하기 딱 좋았다. 특히 화이트 모래가 너무나 곱고 부드러워서 이곳에서 사진을 엄청 찍었다. 화이트 샌드비치를 즐기고 나면 정글이 울창한 또 다른 숲으로 이동하는데, 이곳은 뱀들이 살고 있다고 해서 스네이크 아일랜드라는 이름이 붙었다고 한다. 다행히 지금은 뱀이 거의 없고 가이드도 잘 안내해 주니 걱정할 필요는 없다.

섬을 둘러보고 난 뒤에는 뿔라우띠가 본섬과 가까운 곳에서 선상 스노쿨링을 즐겼다. 바닷속의 다채로운 산호초들과 아름다운 열대

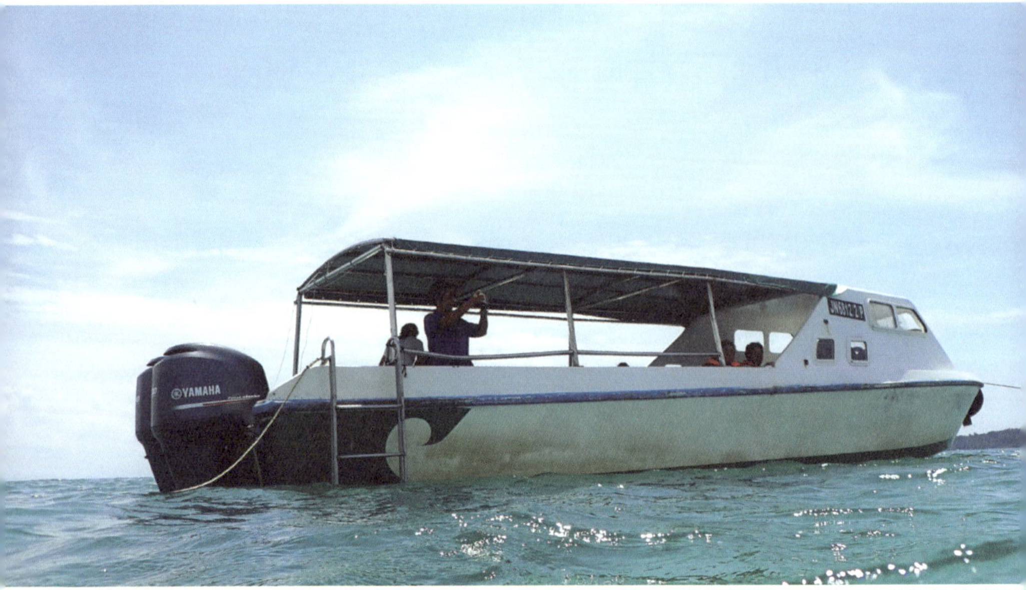
YAMAHA

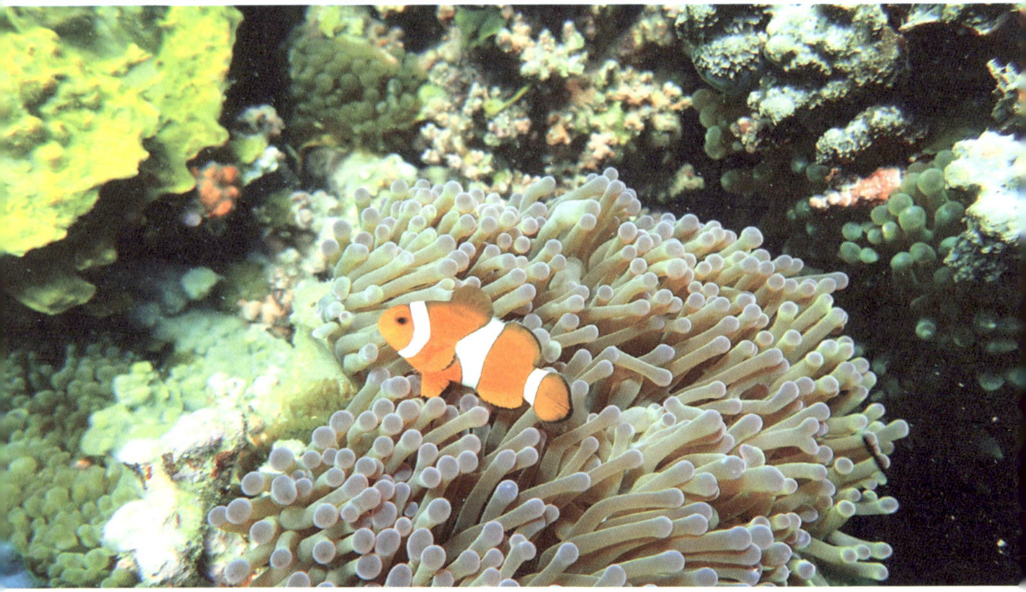

어를 직접 볼 수 있는 경험이 정말 환상적이다. 참고로 산호초가 가장 아름답고 물고기가 많은 스노쿨링 추천 장소는 쁠라우띠가, 사피 섬, 만따나니 섬, 마누칸 등이다. 제셀톤 포인트에서 가까운 섬들은 이동하기는 편해도 시야가 탁하거나 흐려서 바닷속이 선명하지 않아 아쉬울 때가 있는데, 조금 멀리 떨어진 섬에서는 보기 어려운 어종도 만날 기회가 있다.

실컷 헤엄을 치고 나서는 해변가에서 뷔페식으로 제공되는 식사를 하고, 이어서 쁠라우띠가 섬에서 아주 간단한 미니 트래킹을 한 뒤 천연 유황 머드 온천에 가는 코스였다. 20분 정도 걷는 코스를 지나가면 천연 유황 머드가 뿜어져 나오는 곳에 도착한다. 무려 지하 3000m에서 뿜어져 나오는 물이라니, 피부에 미네랄이 가득가득 채워지는 느낌! 다만 주의할 점은, 머드가 옷에 물들면 쉽게 지워지지 않으니 버리는 옷을 가져가거나 어두운 색 옷을 준비하는 것이 좋다. 입자가 워낙 고와서인지 세탁기에 넣고 빨아도 잘 안 지워진다. 물론 마지막에는 샤워를 할 수 있으니 간단히 씻고 호텔에 가서 제대로 마무리하면 된다.

디나완 섬 호핑 투어

디나완 섬은 섬 주인이 환경을 보호하기

| 디나완 섬 Dinawan Island

위해 들어올 수 있는 인원수를 제한하고 있으며, 정박할 수 있는 보트도 미리 허가를 받아야 한다고 한다. 그 덕분인지 아름다운 자연이 잘 관리되어 있고 사람이 적어 매우 조용하게 즐길 수 있는 곳이다. 나는 오전에 들어갔다가 오후에 나오는 일정으로 둘러봤는데, 수트라하버(Suteraharbour) 리조트와 가까운 선착장에서 출발해 보트를 타고 15분 정도만 이동하면 되니 이동 시간의 부담도 적다. 이동 시간이 적으면 도착해서 즐길 수 있는 시간이 그만큼 여유롭다는 장점이 있다. 제셀톤 포인트에서 공공 배를 타고 들어가는 것이

아니기 때문에 사전에 투어 프로그램 예약을 추천한다.

디나완 섬에서는 조수 간만의 차이로 해안선이 하나로 이어지기도 하고 또 줄어들기도 하는 신비로운 경관을 볼 수 있다. 섬 양쪽으로 바다가 펼쳐져 있어 묘하게 새로운 느낌을 받았다. 섬에서는 선베드에서 쉬어도 좋고, 파도 없이 잔잔한 곳에서는 카누를 타거나 그네를 즐겨도 좋다. 물놀이 시설도 깨끗하고 아기자기하게 꾸며진 장소가 많아서 사진 찍기에도 그만이다. 물 위에 떠 있는 듯한 알록달록한 무지개빛 집에서 묵을 수도 있다고 하는데, 조금 불편할 수는 있겠지만 자연친화적이고 굉장히 독특한 경험이다.

보통 흔히 들어가는 섬에서는 물이 깨끗하지 않은 곳에서도 살아남는 줄무늬 물고기들이 가장 흔하다. 반면 디나완 섬은 물이 깨끗해서 스노쿨링을 하며 다양한 종류의 해양 생태계를 들여다볼 수 있다. 의외로 쉽게 보기 힘든 알록달록한 산호초에, 흔히 니모라고 알고 있는 흰동가리 물고기도 발견할 수 있었다.

물놀이 후 점심은 꿀맛 같은 코스다. 바삭한 새우, 커리로 튀긴 크

랩, 채소까지 진수성찬으로 배를 채우고 나니 마음이 한껏 느긋해졌다. 보통 오전 9시쯤 숙소에서 출발해 돌아가는 시간은 오후 3시쯤이라, 남는 시간은 편안하게 휴식하며 눈부신 섬을 눈과 마음에 담아가면 된다.

코타키나발루를 오랫동안 여행하면서 제셀톤 포인트에서 출발하는 사피 섬, 마누칸 섬 등 다양한 섬을 가 봤지만 현지에서 알게 된 멋진 섬이 바로 디나완 섬이었다. 한국에서 호핑 투어를 검색하면 주로 나오는 곳들과 달리, 현지에 길게 머무르다 보면 이처럼 뜻밖의 멋진 장소를 발견할 때가 있다.

반딧불이와 선셋 투어

코타키나발루에서 빼놓을 수 없는 코스가 바로 반딧불이를 보는 것이다. 뿐만 아니라 세계 3대 일몰로 꼽히는 황홀한 경치도 절대 놓칠 수 없다. 물론 제셀톤 포인트 근처나 호텔에서도 멋진 일몰을 볼 수 있지만, 그보다 한층 멋진 일몰의 절경을 감상하려면 투어 프로그램을 통해 최적의 포인트를 찾아가는 게 좋다. 미리 호텔 픽업이 되는 프로그램을 예약하면, 보통 14시~14시 30분쯤 머물고 있는 각 호텔에 들러 모두 같이 출발한다. 보통 동남아의 투어는 대부분 여러 일행이 한꺼번에 움직이는 조인 투어인데, 특히 일몰처럼 시간을 잘 맞춰야 하는 프로그램은 누군가 늦어지면 모든 일정이 늦어

맹그로브 숲 Mangrove
89709 Sabah, Bongawan, Unnamed Road, 89709

지니 조금 서둘러야 한다.

내가 선택한 투어는 우선 멈바꿋(membakut) 베이스캠프로 이동해서 간단한 웰컴 푸드를 즐겼다. 멈바꿋 베이스캠프는 이름이 낯설지만 코타키나발루에서 반딧불이의 개체수가 가장 많아 유명한 곳이라고 한다. 일몰 시간까지는 맹그로브(Mangrove) 숲 투어를 진행한다. 바다인데 숲이 자라는 신기한 지형을 이루고 있는 곳이다. 파도가 하나도 없고 잔잔해서 호수인가 싶은데 사실 바다라는 게 놀랍다. 바다에 살고 있는 모든 나무를 총칭해서 맹그로브라고 부르며 이 나무들의 뿌리가 최대 10m까지도 깊숙하게 자라서 파도를 막아 주는 것이라고 한다. 짠물에서 사는 것도 신기한데, 근처에 풍부한 미네랄 덕분에 생태계가 엄청나게 자리 잡고 있다는 것도 정말 신기하다. 숲만 봐도 힐링이 되지만 전용 보트에 탑승해서 숲속의 귀여운 원숭이들을 만나 보는 것도 특별한 경험이다.

그리고 마침내 로맨틱한 선셋의 시간이 펼쳐졌다. 코타키나발루의 일몰은 그리스의 산토리니, 남태평양의 피지와 함께 세계 3대 석양으로 손꼽힌다. 숲 투어 후에 보트에서 내려 석양을 배경으로 해변에서 사진도 찍고, 바다에 반사되어 두 배는 더 아름다워지는 환상적인 석양을 감상하는 시간을 가졌다. 붉은 석양이 아니라 분홍빛, 보랏빛으로 물드는 하늘까지 볼 수 있어서 이 풍경만으로도 코타키나발루에 올 이유가 있다는 생각이 들 정도다.

선셋의 여운을 안고 다시 멈바꿋 베이스캠프로 돌아와 저녁 식사를 마치면 투어의 하이라이트가 기다리고 있다. 배를 타고 가면서 반딧불이가 반짝이는 모습을 감상할 수 있는데, 개인적으로 팔라우나 쿠알라룸푸르 등 여기저기에서 반딧불이를 보았지만 코타키나발루에서 본 반딧불이가 가장 아름다웠다. 아무래도 훼손되지 않은 자연 속에서 그 개체수부터 차원이 다르기 때문일 듯하다.

맛집 액티비티 후 에너지 충전해 주는 맛집

시앙시앙 판면

코타키나발루 전통 음식인 판면을 먹을 수 있는 곳이다. 수제비와 비슷한 느낌의 국수 요리인데 한국인들의 입맛에도 잘 맞는다. 면 굵기나 종류는 취향에 따라 선택할 수 있고, 멸치 국물 맛이 해장을 하기에도 그만이다.

시앙시앙 판면 Siang Siang Panmian
2, Jalan Damai, Luyang Commercial Centre, 88300 Kota Kinabalu, Sabah
산다칸 국제공항에서 차로 약 10분

필리피노 마켓 Pasar Kraftangan
Jalan Tun Fuad Stephen, Pusat Bandar Kota Kinabalu, 88000 Kota Kinabalu, Sabah
코타키나발루 국제공항에서 차로 약 10분

코타키나발루 야시장

해안가에 있는 필리피노 마켓은 저녁 무렵부터 야시장으로 활기를 띤다. 현지인들도 많이 찾는 곳인데, 신선한 해산물을 직접 고르면 바로 요리해 줘서 해산물을 그리 좋아하지 않는 나도 맛있는 그릴 요리를 즐겼다.

쿠알라룸푸르

쿠알라룸푸르는 확실히 이슬람 문화의 이국적인 분위기를 느낄 수 있으면서도 싱가포르, 유럽, 말레이시아, 인도의 모습까지 슬쩍 들여다볼 수 있는 다채로운 도시다. 지리적 위치 때문에 다양한 문화가 융합된 덕분일 것이다. 특히나 쿠알라룸푸르는 물가가 저렴할 뿐 아니라 호텔 가성비도 거의 전 세계 최고라 할 만큼 좋은 편이라 호텔 한 달 살기를 하기에도 부담이 적다. 호텔에서 여유로운 일상을 누리면서 독특한 문화가 묻어난 흥미로운 관광지를 둘러보면 일상을 떠나 다른 세상에 와 있는 것처럼 만족스러운 여행을 누릴 수 있을 것이다.

[호텔] 전 세계에서도 손에 꼽히는 가성비 호텔

더블트리 바이 힐튼 쿠알라룸푸르

쿠알라룸푸르의 호텔을 예약하려고 보면 저렴한 가격에 살짝 놀라게 될 정도다. 내가 방문했을 때는 힐튼도 1박에 13만 원이 채 안 되는 가격이었다. 룸 컨디션은 물론이고 서비스도 훌륭했다. 나는 비행기 시간 때문에 체크인보다 훨씬 이른 아침 7시에 도착했는데도 친절하게 체크인을 도와주고 조식까지 먹으라고 안내해 주었다. 힐튼에서 운영하는 더블트리 외에 메리어트나 쉐라톤, 포 포인츠도

굉장히 저렴한 가격으로 숙박할 수 있으니 추천한다.

관광/투어 **특유의 문화가 담긴 볼거리**

로얄 셀랑고르 주석 공장

말레이시아를 돌아다니다 보면 광산처럼 보이는 곳이 꽤 많은데,

더블트리 바이 힐튼 쿠알라룸푸르 DoubleTree By Hilton Kuala Lumpur
The Intermark, 348, Jln Tun Razak, Kampung Datuk Keramat,
50400 Kuala Lumpur, Wilayah Persekutuan Kuala Lumpur,
쿠알라룸푸르 국제공항에서 차로 약 1시간
+60 3 2172 7272

로얄 셀랑고르 주석 공장 Royal Selangor Visitor Centre
4, Jalan Usahawan 6, Setapak Jaya, 53300 Kuala Lumpur, Wilayah Persekutuan Kuala Lumpur,
더블트리 바이 힐튼 쿠알라룸푸르에서 차로 약 12분
+60 34145 6000

바로 주석을 채취하는 곳이다. 말레이시아에서 값비싼 주석이 발견된 이후로 경제가 부흥하게 되어 지금의 쿠알라룸푸르에 이르렀다고 한다.

로얄 셀랑고르 주석 공장은 1885년에 설립되었다. 로얄 셀랑고르는 그만큼 매우 오래되고 유서 깊은 브랜드다. 로얄이라는 이름 자체도 술탄이 하사해서 아무나 쓸 수 없는 귀한 이름이라고 한다. 주석 공장 입구에 들어서면 쿠알라룸푸르의 상징인 페트로나스 타워를 주석으로 만들어 놓은 모형이 보인다. 이 모형을 만지면 쌍둥이를 낳는다는 속설도 있다.

주석 공장은 별 흥미 없이 방문해도 생각보다 볼거리가 많다. 특히 아름다운 주석으로 여러 가지 프레임을 만들어서 공간 그 자체도 다채롭고, 주석으로 만든 주전자나 다양한 모형들도 눈길을 끈다. 주석이 생각보다 굉장히 무거운데, 주석으로 만든 주전자는 무거워서 잘 팔리지 않았다고 한다. 그래서 '무거운 주석 주전자를 들어 줄 하인이 없다면 주전자를 사지 말아라'라는 부자들의 심리를 자극한 마케팅으로 이후 주전자가 불티나게 팔렸다는 비하인드도 있다. 마지막에는 주석 잔에 담긴 음료수도 한 잔씩 먹어 볼 수 있었다.

전시관을 지나면 실제로 주석 제품을 생산하는 생산 공정을 견학할 수 있는데, 주석은 1,000℃가 넘는 온도에서 녹기 때문에 생산 환경이 굉장히 더울 수밖에 없다고 한다. 실제 작업 공정을 자세히 관찰도 해 보고, 또 직접 체험할 수 있는 공간도 있어 아이들뿐 아니라 어른들에게도 흥미로운 경험이다. 마지막으로 주석과 실버 제품을 판매하는 곳을 지나는데, 주석 제품은 너무 비싸서 사기는 어렵지만 감상하는 것만으로도 가치 있는 예술 작품들이 많다. 기네스북에도 오른 세계에서 가장 큰 로얄 셀랑고르 주석 잔 앞에서 인증샷도 잊지 말고 남겨 주자.

바투 동굴

쿠알라룸푸르의 대표 관광지 중 하나다. 힌두교의 성지이기도 한 커다란 종유 동굴로, 힌두교 신자들의 고행 순례가 이어지는 곳이다. 바투 동굴까지 올라가는 계단은 272개다. 이는 인간이 지을 수 있는 죄의 개수이며 계단을 오르며 죄를 씻는 것이라고 한다. 올라가는 길에는 원숭이가 많은데 원숭이를 싫어하는 분들이라도 눈을 마주치지 않으면 접근해오지 않으니 걱정하지 않아도 된다. 더운 날씨에 272개의 계단을 오르내리는 게 힘들긴 하지만 가는 길에 달달하고 짭짤한 인도 간식과 코코넛 음

바투 동굴 Batu Caves
Gombak, 68100 Batu Caves, Selangor
로얄 셀랑고르 주석 공장에서 차로 약 15분
+60361896284

료를 한잔 하면 떨어진 당도 채워지고 지친 몸도 힐링된다.

바투 동굴은 시바신의 둘째 아들인 무르간 신을 모시는 사원이기도 하다. 여기에는 전해져 오는 이야기가 하나 있다. 시바신이 두 아들을 불러놓고 세상에서 가장 소중한 것을 세 바퀴 돌고 오면 자신의 후계자로 삼겠다고 했다. 둘째 아들은 지구가 가장 소중하다고 생각해 지구를 돌러 나섰는데, 그 사이에 첫째 아들은 탱자탱자 놀다가 시바신이 뭘 하는 것이냐고 꾸짖자 자신은 어머니가 가장 소중하다며 어머니를 세 바퀴 돌았다. 감동한 어머니는 그 자리에서 즉시 자신의 자리를 첫째 아들에게 넘겨주었다. 이 사실을 알 리 없는 둘째 아들이 지구 세 바퀴를 다 돌고 돌아왔다가 너무 실망하여 동굴로 들어갔는데, 시바신이 아들이 보고 싶어서 동굴로 찾아가도 만나 주지 않다가 겨우 1년에 한 번씩 만나 주기로 했다고 한다. 그 날이 바로 고행을 참는 힌두교의 축제인 타이푸삼 축제 날로, 매년 1~2월에 열리고 있다.

몽키힐

이름에서 알 수 있듯이 원숭이를 만나볼 수 있는 곳이다. 몽키힐의 원숭이는 야생 원숭이인데도 매우 순한 것으로 유명한데, 그 이유는 채식을 하기 때문이라고 한다. 발리 우붓에 있는 몽키포레스트 원숭이들은 살짝 무서운 느낌도 드는데 이곳 원숭이들은 훨씬 순해

몽키힐 Kuala Selangor National Park
Jalan Klinik, Taman Alam, 45000 Kuala Selangor, Selangor
바투 동굴에서 차로 약 1시간
+60332892294

서 놀랐다. 원숭이에게 간식으로 땅콩을 건네면서 교감하는 진귀한 경험도 할 수 있다.

므르데카 광장

쿠알라룸푸르에 이런 곳이 있었나 싶을 만큼, 아름다운 유럽 스타일의 건물들이 즐비하게 늘어져 있는 곳이다. 밤에 가면 정말 아름답고 화려한 야경이 펼쳐진다. 광장 문화가 별로 없는 우리나라와 달리, 실제로 시민들이 모여서 산책도 하고 길거리 음식도 사 먹으

므르데카 광장 Dataran Merdeka
Jln Raja, City Centre, 50050 Kuala Lumpur, Wilayah Persekutuan Kuala Lumpur
바투 동굴에서 차로 약 30분

며 일상 속에서 누릴 수 있는 휴식 공간이 인상적이다.

페트로나스 트윈 타워

페트로나스 트윈 타워는 말레이시아 국영의 기름 회사 건물이라고 한다. 말레이시아는 산유국이라 20년 동안 아시아 전체가 쓸 수 있는 매장량을 보유하고 있다고 하는데, 그래서인지 기름값이 물값보다 저렴하다. 페트로나스 타워는 빌딩 외관이 유리와 알루미늄으로

페트로나스 트윈 타워 Menara Berkembar PETRONAS
Concourse Level, Petronas Twin Tower, Lower Ground, Kuala Lumpur City Centre, 50088 Kuala Lumpur
므르데카 광장에서 차로 약 15분
+60 323 318 080

| 반딧불이 투어

되어 있어서 조명을 받으니 더 화려하고 놀랍다. 한쪽은 한국이, 한쪽은 일본이 만들었다고 하는데 한국에서 더 늦게 시작했는데도 한 달이나 더 빨리 완공하여 다리까지 제작했다는 비하인드 스토리가 있다.

반딧불이 투어

쿠알라룸푸르도 반딧불이가 유명하다. 반딧불이를 보러 밤늦게 이동하기는 너무 번거롭고 복잡하기 때문에 호텔에서 픽업해 주는 투

캄퐁콴탄 반딧불이 공원
Kampung Kuantan Fireflies Park (Selangor)
Kampung Kuantan, 45000 Bestari Jaya, Selangor
페트로나스 트윈 타워에서 차로 약 50분

어 프로그램을 이용하는 것이 좋다.

나는 몇 년 전에 필리핀 팔라우에서 반딧불 투어를 해 본 적이 있는데, 이곳에서의 반딧불 투어는 완전히 차원이 달랐다. 가장 큰 차이는 바로 반딧불이를 잡아서 손에 올려놓고 관찰하는 신기한 체험을 해 봤다는 것! 반딧불이가 손바닥에서 날아갈 때는 마치 영화 <아바타> 속에 들어온 것 같은 느낌과 함께 눈으로 보면서도 실감이 나지 않는 몽환적인 경험이었다. 주의할 점은 반딧불이를 손에 잡았더라도 반드시 살려서 날려 보내야 한다는 것이다. 아름다운 자연의 보존을 위해서도 중요한 부분이지만, 혹시라도 죽이면 1000링깃의 벌금을 내야 한다.

참고로 반딧불 투어를 오래 보는 꿀팁이 있다면, 최대한 리액션을 크게 하는 것이다. 배의 노를 저어주는 사공 분이 관광객의 반응이 좋을수록 '도시 촌놈들이 반딧불이를 처음 봐서 엄청 신기해하는구나!' 하면서 오래 볼 수 있게 해 주신다.

맛집 현지의 길거리 음식 즐기기

므르데카 광장의 야시장

쿠알라룸푸르의 므르데카 광장에 주말이면 야시장이 열린다. 현지인들도 그곳에서 길거리 음식을 사 먹고 즐기는 모습을 볼 수 있다. 개인적으로는 말레이시아 음식이 입에 맞지 않는 편이고 한식당도 거의 없어서 조금 힘들었는데, 야시장에서 새로운 음식도 접해 보고 입에 맞는 음식도 찾아볼 수 있었다. 말레이시아에 갔으면 먹어 봐야 할 대표적인 음식은 생선으로 국물을 낸 면 요리인 락사, 코코넛 밀크를 넣은 쌀밥에 닭 튀김, 소시지, 어묵, 오이, 고추 등의 반찬을 곁들여 먹는 음식인 나시르막 등이다. 사테(꼬치) 요리도 무난하게 먹을 만하다.

올드타운 커피

말레이시아에서 꼭 가봐야 하는 곳이다. 화이트 커피를 먹을 수 있는 곳으로 유명한데, 화이트 커피는 콩을 볶을 때 코코넛 오일을 사용하면 하얗게 변하기 때문에 붙은 이름이다. 커피와 함께 달달한 카야 잼으로 만든 토스트를 곁들이면 절로 행복이 충전된다. 말레이시아는 다른 동남아에 비해 맛있는 음식

올드타운 커피 Oldtown White Coffee Suria KLCC
Signatures Food Court, F217, Level 2, Jln Ampang, City Centre,
50088 Kuala Lumpur, Wilayah Persekutuan Kuala Lumpur
페트로나스 트윈 타워에서 도보로 1분
+60 3-2181 8336

이 상대적으로 적어서 아쉽지만, 올드타운 커피가 아쉬움을 달래준다.

쇼핑 말레이시아에서 사야 하는 기념품

마트 쇼핑하기

말레이시아는 이슬람 국가이다 보니, 술을 먹지 않는 문화적 이유

때문에 대신 차 문화가 매우 발달했다. 차와 함께 먹는 달달한 간식들도 다양해서, 현지 마트에서 맛있는 간식들을 이것저것 사 보는 것도 하나의 재미다. 꼭 사야 할 것들 중 하나는 가성비 좋고 맛있다는 렉서스와 오트크런치! 사이즈가 상당히 큰데 우리 돈으로 1500원 정도밖에 하지 않는다. 달달한 앤티 카야 잼도 맛있지만 유통기한이 짧으니 너무 욕심부려서 사지 않도록 하자. 알리 카페와 올드타운 커피도 추천한다. 알리 카페는 한국에도 정식 수출하고 있지만, 한국 수출 제품에는 '통캇'이라는 원료를 제외한 제품을 팔고

미쯔이 아울렛 Mitsui Outlet Park KLIA Sepang
Persiaran Komersial, KLIA, 64000 Sepang, Selangor
쿠알라룸푸르 국제공항에서 차로 약 15분
+60387779300

있어서 현지에서 원제품을 구입해 봐도 좋다. 히말라야 솔트는 우리나라보다 10배 정도 저렴하다. 예쁘고 저렴해서 나는 8봉지쯤 잔뜩 샀다가, 세관에서 마약류로 걸린 적도 있다. 물론 실제로는 세관에 전혀 문제되지 않는 제품이다.

미쯔이 아울렛

쿠알라룸푸르 공항에서 10분 거리에 미쯔이 아울렛이 있는데, 출국

전에 마지막으로 저렴하게 득템하기 좋은 장소다. 특히 내부에 캐리어를 맡기는 곳이 있어 무료로 짐을 보관할 수 있고 공항까지 셔틀도 운행한다. 여행 마지막날 비행 시간이 넉넉하다면 이곳에서 마지막 쇼핑을 즐겨 보길 추천한다.

> **TIP**
> **함께하면 좋은 일정 추천**

만약 시간이 된다면 쿠알라룸푸르 북쪽에 있는 페낭이라는 곳에 가보는 것도 추천한다. '낭'이라는 지명은 예전에 무역항이었다는 뜻인데, 동양과 서양의 무역이 이루어진 곳이고 특이하게도 불교와 아랍 계열의 문화까지 섞여 있어서 분위기가 무척 묘하다. 유럽 사람들에게 배낭 여행지로도 유명한 곳이다.

더 남쪽으로 내려오면 말라카라는 곳이 있는데, 예전에 네덜란드 식민지였던 곳이라 네덜란드 양식이 남아 있어 빨간 건물들이 이색적이다. 더 남쪽으로 내려오면 조호바루가 있고, 여기에서 국경만 넘으면 싱가포르다. 국경을 쉽게 넘어다닐 수 있어서 싱가포르로 출퇴근을 하는 사람들도 있고, 싱가포르의 물가가 비싸다 보니 주말에는 싱가포르에서 조호바루로 식사하러 오는 사람들도 많다. 싱가포르를 같이 둘러보고 싶다면 고려해 볼 만한 동선이다.

필리핀

Republic of the Philippines, Republika ng Pilipinas

필리핀의 세부나 보홀은 우리나라에서 대표적인 휴양지로 꼽을 만큼 관광객들이 많이 휴양을 하러 가는 곳이다. 우리나라에서 4시간 정도 날아가면 세부에 도착한다. 물론 최근에는 항공편 상황이 많이 바뀌고 있지만 원래는 직항편이 많고 가격대도 저렴한 편이다. 사실 필리핀은 호캉스를 하러 가는 것보다 물놀이를 하러 가기에 더 좋다. 스쿠버다이빙이나 호핑 투어를 하러 아침에 나갔다가 밤에 들어올 만한 투어 프로그램이 넘치기 때문에, 하루종일 리조트에 머물 게 아니라면 굳이 비싼 리조트를 예약할 필요가 없다. 무엇보다 다른 동남아에 비해서 리조트 가격이 비싼 편이라서 호캉스만을 목적으로 가기에는 부담스럽기도 하다. 필리핀에서는 과감하게 바다로 나가 즐길 수 있는 활동적인 액티비티를 추천한다.

환율

1000원 = 약 40페소(PHP)

날씨

필리핀에서 액티비티를 할 때 비가 오면 정말 아쉽다. 휴양지는 꼭 건기에 가야 한다. 우리나라의 여름 휴가철이 필리핀에서는 우기라서 하늘이 우중충하거나 비가 오는 경우가 많다. 세부는 대략 10월~11월부터 2월까지 건기에 접어들 때 가면 최고의 바다를 만끽할 수 있다. 이 즈음에는 하늘이 맑을 뿐만 아니라 바닷속에서 보는 시야도 청명해진다. 우기 때는 날씨

가 맑다고 해도 비 때문에 흙탕물이 흘러들어가서 바닷속이 뿌옇게 보일 때가 많다.

추천 일정

세부 3주 > 보홀 1주

필리핀으로 한 달 살기를 간다면 오픈 워터나 다이빙 라이센스에 도전해 보기를 추천한다. 수영 초보라고 해도 세부에서는 바닷속 시야가 맑고 가이드가 친절하게 도와주기 때문에 물에 적응하고 낯선 다이빙 등을 시도하기에도 최적의 환경이다. 세부에서 3주 정도 머물면서 액티비티와 리조트 휴양을 즐기고, 만약 보홀까지 들어간다면 정말 작은 섬이기 때문에 1주 정도 여유롭게 둘러봐도 충분하다.

귀국 24시간 전 신속항원검사

귀국 하루 전에 RAT(Rapid Antigen Test)를 받아야 한다. 비용은 1인 1,250페소.

세부

[호텔] 설레는 휴양지 감성의 리조트

샹그릴라 리조트

샹그릴라 리조트는 5성급으로 세부 막탄에서 가장 유명한 호텔이다. 물론 가격대는 비싸지만, 명불허전 샹그릴의 명성에 맞게 위풍당당한 로비와 시설도 만족스럽고 눈부신 바다를 바라보며 휴양지 기분을 만끽할 수 있는 호텔이 아닐까 싶다. 로비에서 비치 쪽으로 나가다 보면 넓게 펼쳐진 수영장이 한눈에 담긴다. 우리가 상상하는 동남아의 휴양지를 그대로 느껴볼 수 있는 풍경이랄까. 수영장은 여러 개가 있는데 아이들과 동반한 경우에도 알맞은 높이의 풀장이 따로 있고, 또 호텔 내부에 키즈클럽이나 놀이시설도 갖춰져 있어 가족 여행을 가기에도 좋은 곳이다. 사실 막탄 섬은 비치가 있는 지형은 아닌데, 호텔에서 인공 비치를 만들어서 투숙객만 이용

샹그릴라 리조트 Shangri-La Mactan
Punta Engaño Rd, Lapu-Lapu City, Cebu, 6015 Cebu
막탄 세부 국제공항에서 차로 약 30분
+63322310288

할 수 있다. 아주 넓지는 않고 아담한 비치지만 호텔에서 바로 예쁜 바다로 나와 선베드에 앉아 유유자적 시간을 보내고, 맥주나 칵테일도 한 잔 마시면 천국이 따로 없다.

솔레아 막탄 리조트

나는 솔레아 막탄 리조트 방문 당시에 새로 오픈한 스파동에 묵었더니 만족도가 높았다. 수영장도 여러 개가 있고 아이들을 위한 워터파크도 있다. 위치가 다소 애매한 곳에 있긴 하지만, 샹그릴라나 뫼벤픽(Mövenpick)에 비해서 가성비 좋은 리조트다. 특히 호핑 투

솔레아 막탄 리조트 Solea Mactan Resort
Juan Wahing Street, Cordova, 6017 Cebu
막탄 세부 국제공항에서 차로 약 40분
+63325178889

어나 시티 투어 등 외부 활동을 많이 할 예정이라면 이런 가성비 리조트를 메인으로 묵는 것이 효율적이다.

바이 호텔 세부

세부에서는 데이투어를 많이 나가는 만큼 적당한 가성비 호텔에서 장기 투숙하는 것이 좋은데, 여러 동남아 국가를 방문해 봤지만 의외로 필리핀의 호텔은 가성비가 좋은 곳이 적은 편이다. 하지만 그

바이 호텔 세부 Bai Hotel Cebu
8WFP+WPJ, Ouano Ave, Mandaue City, 6014 Cebu
막탄 세부 국제공항에서 차로 약 25분
+63 323 428 888

중에서도 가장 가성비가 좋고 괜찮은 호텔 중 하나가 바로 바이 호텔이다. 현대적인 스타일로 깔끔한 룸에서 숙박할 수 있어서 한 달 동안 장기 투숙하기에도 적당하다. 물론 막탄 섬으로 들어가면 프라이빗 비치가 있는 호텔들도 많지만, 섬 안쪽은 편의 시설이 매우 부족해 장기 투숙은 추천하고 싶지 않다. 무엇보다 막탐 섬 안쪽으로는 수도 시설이 좋지 않아서 호텔에서도 짠물이 나오는 경우가 많고, 와이파이도 느리다. 따라서 장기 투숙할 때는 가능한 한 시티 쪽에 있는 호텔을 선택하는 것이 좋다.

[관광/투어] 세부를 즐기려면 바닷속으로

블루몬스타 다이빙

보통 동남아에서 하는 액티비티의 경우 처음에는 가볍게 스노쿨링으로 시작하는데, 스노쿨링을 하다 보면 커다란 공기통을 매고 자유롭게 바다에 들어가는 사람들이 부러워지는 마음이 든 적이 있을 것이다. 세부는 호핑 투어도 유명하지만 스쿠버 다이빙의 성지로, 황제 다이빙을 할 수 있는 곳으로 알려져 있다. 우리나라에서도 스쿠버다이빙을 할 수 있지만 세부에서는 20kg 장비를 조립하고 메는

것까지 가이드가 다 도와주기 때문에, 말 그대로 힘든 것은 생략하고 즐기기만 하면 된다. 무엇보다 외국에서 다이빙 라이센스를 따려면 영어로 진행하지만 세부에는 한국어 강사도 있어서 불안하지 않다. 시야가 어두운 편인 우리나라 동해에 비해 세부는 물이 따뜻하고 수중 환경도 좋아서 초보자도 더 쉽고

블루몬스타 BlueMonstar
1 Punta Engaño Rd, Lapu-Lapu City, 6015 Cebu
막탄 세부 국제공항에서 차로 약 30분
+63 91 7156 3077

편하게 시작할 수 있다는 것도 장점이다. 스쿠버다이빙은 예전에는 전문적인 분야로 여겨졌지만 이제는 누구나 흔하게 배울 수 있다. 많이 대중화되어 있고 특히 세부에서는 더 쉽게 접근할 수 있으니 물이 많이 무서운 게 아니라면 세부에 한 달 머무는 동안 꼭 라이센스에 도전해 보시길 권한다.

다이빙을 체험하거나 라이센스를 따려면 한국에서 미리 프로그램을 예약하고 가는 것이 좋다. 그중 블루몬스타는 팬데믹 이후에 콘티키 비치 앞에 새롭게 오픈한 곳으로, 바다 바로 앞이라 발밑으로 가장 가깝게 오션 뷰를 감상할 수 있다. 계단만 내려가면 비치 다이빙이 25달러 정도인 것은 세부이기 때문에 가능한 것이 아닐까? 또 100달러 정도에 보트 다이빙 3회가 가능하고, 따뜻하고 물 맑은 시야에서 스쿠버 다이빙도 즐길 수 있다.

스쿠버 다이빙 자격증의 가장 첫 단계인 오픈 워터는 한 번 취득하면 전 세계 어디에서도 평생 동안 다이빙을 할 수 있다. 처음에는 물을 무서워하는 분들도 선생님이 꼼꼼히 가르쳐 주시니 자신감을 가지고 시도해 보자. 살짝 부담된다면 처음 시작하는 분들은 체험 다이빙으로 물과 친해지는 첫 발을 내딛어도 좋다. 나는 이미 오픈 워터 자격증이 있어서 한 달 살기를 하는 동안 그 다음 단계인 어드밴스 라이센스에 도전했다. 어드밴스 라이센스를 따면 이후로는 강사 없이도 오픈 워터 다이빙에 참여할 수 있고, 오픈 워터보다 더 깊은 곳까지 과감하게 바닷속을 모험해 볼 수 있다.

오픈 워터와 어드밴스 라이센스를 다 딴 다음에는 본격적인 펀다이빙을 신청했다. 펀다이빙을 나가면 예쁜 포인트도 많고, 거북이도 볼 수 있다고 해서 기대 가득한 마음이었다. 오전 9시쯤 뉴그랑블루 다이빙숍에 모여서 잠시 설명을 들은 후 바다로 출발했다. 장비와

공기통을 착용하고 바다로 뛰어들었는데 실제로 커다란 거북이도 볼 수 있었다. 너무 가까이 접근하거나 터치를 하면 안 되지만, 가만히 바라보다가 거북이와 눈이 마주쳤는데 그 동글동글한 눈망울이 어찌나 귀엽던지! 바닷속에서 거북이와 함께 유영하고 사진까지 남긴 것만으로도 너무나 멋진 경험이었다. 펀다이빙에서는 높은 확률로 대부분 거북이를 볼 수 있다고 하니 기대해도 좋을 것 같다.

오슬롭 고래상어 스노쿨링
오슬롭은 우리나라 관광객은 물론 전 세계의 여행객들이 주목하는 곳이다. 고래상어가 밥을 먹으러 오는 곳이었는데 그 숫자가 점점

많아져서 이제는 매일 볼 수 있게 되었다고 한다.

오슬롭은 세부 시내에서 차로 3~4시간 정도 달려야 하는 곳에 있어 최소한 새벽 3시쯤 일어나서 나와야 오전 7시에 도착해 고래를 볼 수 있다. 모터가 있는 배를 타면 고래상어가 놀라서 도망치기 때문에 작은 쪽배를 타고 들어가는데, 혹시라도 늦어서 고래들이 배부르면 떠나 버리니 시간을 맞추는 게 중요하다. 스노쿨링 장비는 투어 여행사에서 제공하므로 최소한의 적은 짐만 챙기면 되지만, 대신 액션캠이나 방수 카메라는 필수다. 해안가에서 10분 정도 들어

가면 고래상어를 만날 수 있는데, 타고 가는 순간에도 배 아래로 커다란 그림자가 아른거릴 만큼 의외로 개체수가 많다.

물속으로 들어가 스노쿨링을 하며 한 마리가 아니라 정말 여러 마리의 고래상어를 볼 수 있어서 깜짝 놀랐다. 수족관에서 보았던 고래상어와 차원이 다른 야생의 고래상어는 그야말로 집채만 한 몸을 유유자적 움직이는데, 생각보다 빠르다. 커다란 입을 벌려서 플랑크톤과 새우를 물과 함께 집어삼키고 아가미를 통해서 물만 다시 배출한다. 커다란 고래상어가 다가오면 무서울 것 같지만 너무 순

하고 귀여운 얼굴에 오히려 반하게 된다. 물론 고래를 보호하기 위해 최대한 일정 거리를 유지해야 하고, 놀래라게 하거나 만지면 안 된다.

캐녀닝 투어

이왕 세부에서 3~4시간을 이동해서 오슬롭 투어를 했는데 그냥 돌아가기 아쉽다면, 메인 투어는 아니지만 간단한 카와산 캐녀닝 투어를 신청해서 액티비티를 추가로 즐겨 봐도 좋다. 예약할 때 동시에 신청할 수 있는 패키지로 선택하면 편리하다. 캐녀닝 투어는 바다도 보고, 정글 속으로 들어가서 필리핀의 자연을 가까이에서 즐길 수 있는 코스다. 특히 오토바이를 타고 올라가기 때문에 색다른 액티비티를 느낄 수 있다. 라오스의 꽝시폭포처럼 물 위로 뛰어내리는 코스도 있는데, 구명 조끼가 있으니 안전하다. 오슬롭부터 캐녀닝까지 두 가지 투어를 한꺼번에 진행하면 하루가 알차다.

올랑고&힐룽뚱안 호핑투어

과거에는 주로 난루수완 섬으로 호핑 투어를 떠났지만, 작년 12월에 초대형 태풍의 난타로 난루수완 섬이 초토화되고 말았다. 정박이 거의 불가능한 상태라서 최근에는 올랑고 앞바다와 힐룽뚱안 섬에서의 호핑 투어가 인기를 얻고 있다. 방카 배 하나를 일행끼리 통째로 사용할 수 있는 여유로운 투어로, 내부에서 라면도 끓여먹고

TIP
호핑투어 예약 시 확인할 것

호핑 투어 상품이 다양하다 보니 뭘 예약할지 헷갈릴 수 있는데, 일정이 어떻게 짜여져 있는지도 중요하지만 단독으로 배를 타는지, 그리고 다른 일행과 동행하는지를 꼭 확인해 봐야 한다. 요즘에는 모르는 사람과 동행하기보다 가족끼리, 친구끼리만 가는 소규모 프라이빗 호핑 투어가 인기다. 다른 일행과 함께하게 되면 비용이 조금 저렴할 수는 있지만 자유롭게 일정 조율을 할 수 없어서 아무래도 패키지 여행처럼 빠듯한 기분이 들 수 있다.

선물 같은 하루가 되어 준 동남아 한 달 살기

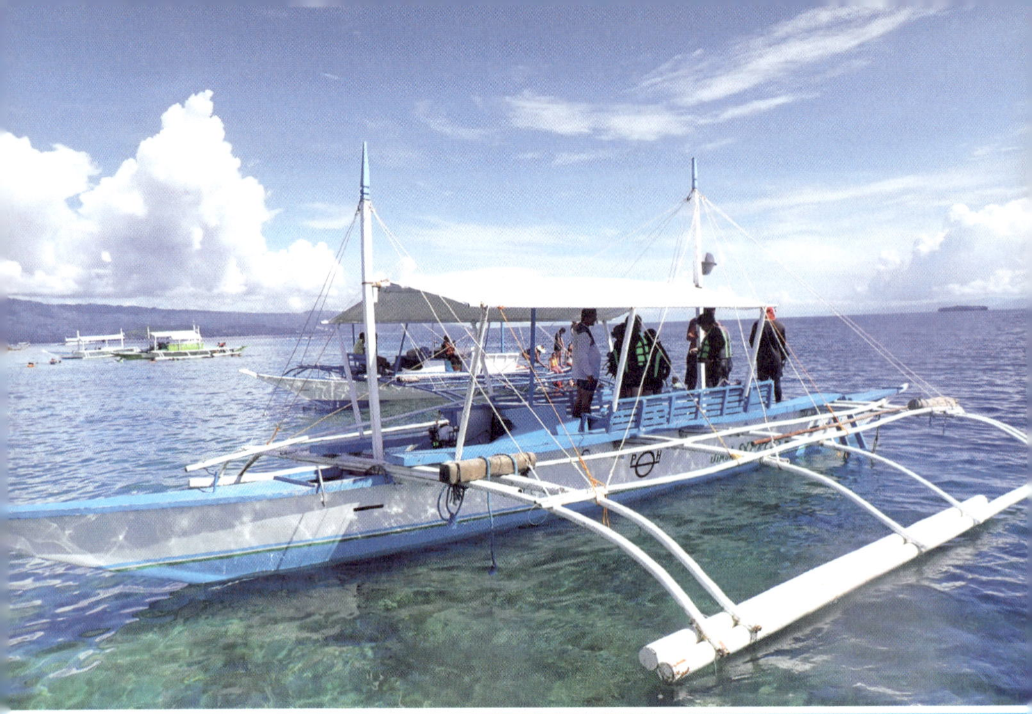

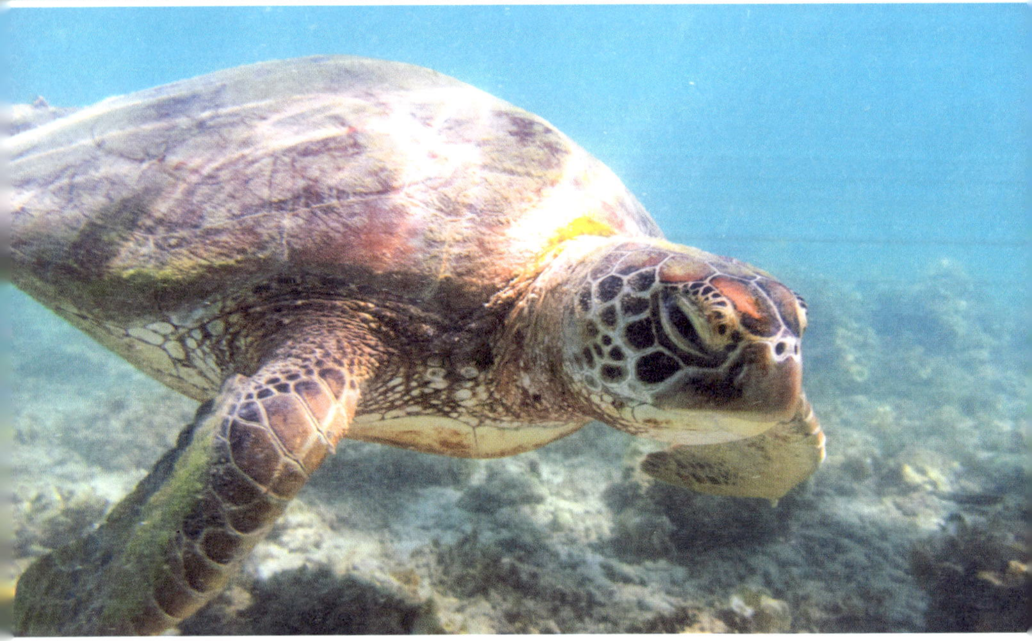

망고와 맥주도 먹으며 그야말로 신선놀음을 즐기는 기분이 든다. 더불어 힐루뚱안 섬 근처에서 스노쿨링을 하면 시야도 맑고 물고기도 많아서 다양한 열대어와 알록달록한 산호초도 실컷 볼 수 있다.

모알보알

스쿠버 다이버들의 성지로 알려진 이곳은 스노쿨링을 하면서 거북이를 쉽게 볼 수 있다는 게 특징이다. '모알보알'이라는 단어 자체가 '거북이 알'이라는 뜻이다. 그만큼 거북이와 친구처럼 편하게 헤엄칠 수 있는 곳인데, 옆으로 조금 더 가면 정어리떼를 만나볼 수 있다. 누가 이곳에 일부러 귀한 생명체들을 기르고 있는 게 아닌가 싶을 만큼 기가 막힌 풍경이다. 보통은 스쿠버 다이빙을 해야 거북이를 볼 수 있는데 이곳은 스노쿨링으로도 충분히 볼 수 있다. 어디서 또 정어리떼를 만나볼 수 있을까? 아직 잘 알려진 곳은 아니지만, 그래서 훼손되지 않은 자연이 고스란히 남아 있기 때문에 더 가볼 만한 가치가 있다. 보통 짧은 일정으로 간다면 난루수완 섬을 가는 경우가 많지만, 한 달 살기로 여유로운 일정이라면 모알보알도 추가로 들어가보기를 추천한다.

단독 시티 투어

세부에서는 아름다운 에메랄드빛 바다 외에도 역사적으로 중요한 유적지를 한 번쯤 돌아보는 것이 뜻깊다. 이동하기 어렵다면 일행

산 페드로 요새 Fort San Pedro
7WR4+X7J, A. Pigafetta Street, Cebu City, 6000 Cebu
막탄 세부 국제공항에서 차로 약 35분
+63 32 256 2284

끼리 단독으로 스케줄을 짜서 이동할 수 있는 시티 투어를 신청해서 하루 동안 알차게 둘러봐도 좋다. 시티 투어에 포함되는 주요 관광지는 산 페드로 요새(Fort San Pedro), 마젤란의 십자가(Magellan's Cross), 산토니뇨 성당(Basilica del Santo Niño) 등이다. 특히 산 페드로 요새는 초록빛 조경에 파란 하늘이 어우러져 기념 사진을 찍기에도 좋은 장소다. 이곳은 과거에 해적 침입을 막기 위해서 스페인 통치 시대 때 만들어졌다고 하는데, 건축 양식이 유럽식이라 더욱 독특하다.

산토니뇨 성당 Basílica Del Santo Niño
Pilgrim's Center, Osmeña Blvd, Cebu City, 6000 Cebu
산 페드로 요새에서 도보로 약 10분
+63 32 255 6697

 세부 시티 중심에 위치한 마젤란의 십자가도 세부의 대표적인 관광지 중 하나다. 1521년 마젤란이 세계 일주 중 필리핀에 처음 십자가를 꽂은 곳이라고 한다. 십자가를 달여 마시면 아픈 병이 낫는다는 이야기 때문에 지금은 손이 닿지 않게 잘 보관되어 있다. 여기서 가까운 곳에 산토니뇨 성당이 있다. 빨간색 초 3개를 켜고 소원을 빌면 이루어진다고 하니 성당 앞에서 초도 켜 보고, 안으로 들어가서 아기 예수상인 산토니뇨를 만나보자. 산토니뇨는 과거 마젤란이 영국 여왕에게 받은 것인데, 성당에 불이 났을 때 산토니뇨만은 불에

씨푸드 레스토랑 골드망고 Gold mango Grill & Restaurant
M.L. Quezon National Highway, Maribago, Lapu-Lapu City, 6015 Cebu
막탄 세부 국제공항에서 차로 약 30분
+63 91 5330 8432

타지 않아 그 이후로 더욱 신성시되고 있다.

[맛집] **맛도 좋고 뷰도 좋은 맛집**

씨푸드 레스토랑 골드망고

밖에서부터 바비큐 굽는 냄새에 침이 고이는 가게다. 싱싱한 해산물 요리에 스테이크와 볶음밥까지 푸짐하게 시켜서 먹었다. 개인적

졸리비 Jollibee Cebu Ayala L3
3rd Level, Ayala Center Cebu, Lungsod ng Cebu, Lalawigan ng Cebu
막탄 세부 국제공항에서 차로 약 40분
+63 32 231 5509

으로는 치즈가 짭쪼름하게 듬뿍 올라가 있는 신선한 가리비 요리에 반해 혼자서도 다 먹을 수 있을 것 같다는 배짱도 생겼다. 매장이 청결한 것은 물론이고 인테리어도 예뻐서 사진을 찍기도 좋다.

졸리비

필리핀에서 가장 인기 있는 패스트푸드점으로, 세부 곳곳에서 만나볼 수 있다. 필리핀뿐 아니라 괌이나 베트남에도 지점이 있을 만큼 전 세계적으로도 인기가 높다. 한마디로 우리나라의 롯데리아랑 비슷한 느낌이랄까? 저렴한 가격에 햄버거, 치킨, 스파게티 등 로컬 패스트푸드를 즐길 수 있어서, 패스트푸드라고는 해도 필리핀 현지의 맛을 느끼기에는 충분하다. 매장 앞에 시그니처인 꿀벌 캐릭터 졸리비가 서 있어 같이 사진을 찍는 사람도 많다.

세부 테이스티

레촌은 아기 돼지를 통째로 굽는 필리핀 전통 음식인데, 현지에서도 인기가 많은 메뉴라서 레촌 전문 음식점도 쉽게 찾아볼 수 있다. 가격이 비싼 편이라 한 마리를 통째로 먹는 건 어렵고, 보통 생일이

세부 테이스티 Cebu's Tasty Lechon Banilad
113 Gov. M. Cuenco Ave, Cebu City, Cebu
막탄 세부 국제공항에서 차로 약 30분
+63 32 401 0127

나 파티가 있을 때 한 마리를 잡아 여럿이서 나누어 먹는 문화가 있다. 물론 전문점에서는 조금씩 그램당으로 판매하기 때문에 평소에도 레촌을 즐길 수 있다. 맛은 우리나라에서 먹는 보쌈과 비슷하다.

망 이나살

필리핀의 주식은 거의 닭이라고 볼 수 있다. 그래서 닭을 메인으로

망 이나살 Mang Inasal(SM City Cebu)
SM City Cebu, Juan Luna Ave Ext, Cebu City, 6000 Cebu
막탄 세부 국제공항에서 차로 약 25분
+63 32 416 1275

하는 음식점이 많은데, 그중에서도 저렴한 가격에 맛있는 닭 요리를 먹을 수 있는 체인점 중 하나다. 바베큐 스타일로 굽는 것도 맛있지만, 라임과 간장 소스를 곁들이는 조합으로 먹으면 상큼하고 느끼함을 잡아주면서 그야말로 꿀맛이다. 이 라임과 간장 소스에 무제한으로 제공되는 밥을 곁들여도 별미다. 지점이 많아서 여행 동선에 따라 가까운 곳을 찾아 들르기 좋다.

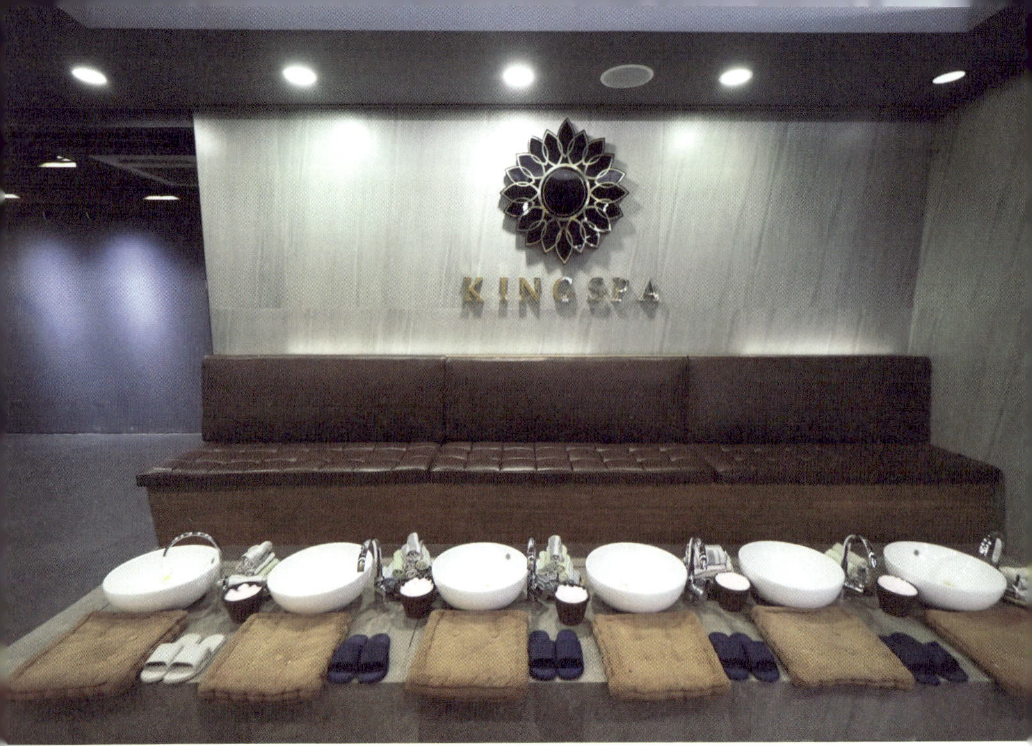
KINGSPA

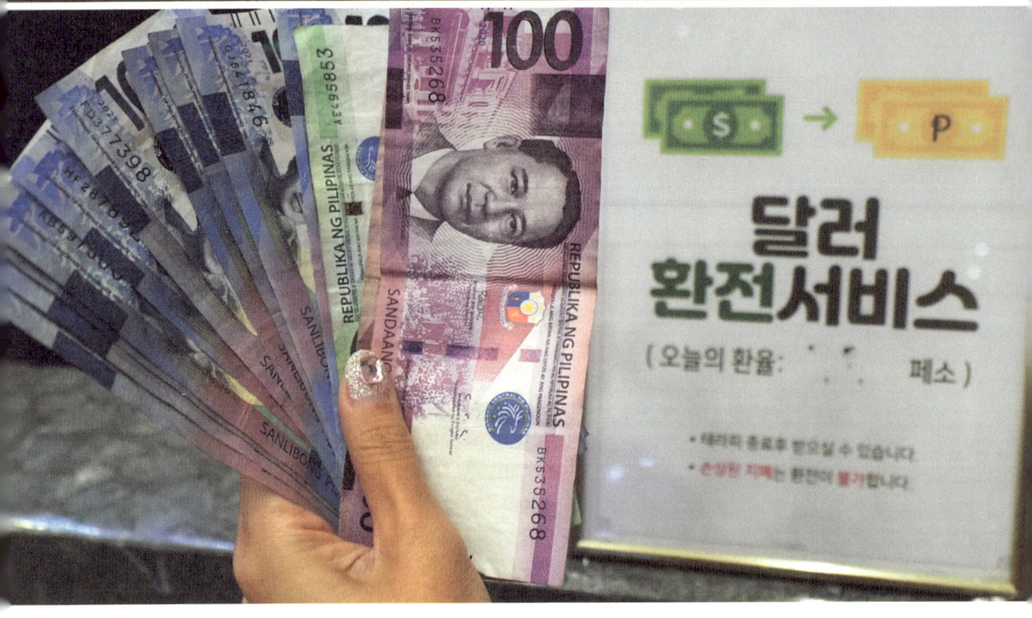
달러
환전서비스
(오늘의 환율: 페소)

[마사지/쇼핑] 1일 1마사지에 쇼핑으로 기분 업

킹 스파

막탄 근처에서 가장 마사지를 잘하는 곳이라면 단연 이곳을 꼽고 싶다. 규모도 매우 크고 깔끔하며 마사지사의 실력도 훌륭하다. 단순히 마사지를 받는 것 외에도 다양한 서비스를 이용할 수 있어서 여행자들에게 더욱 편리한 곳이다. 내부에서 환전 서비스를 수수료 없이 제공해 여행 초반에 들러도 좋고, 여행을 마치고 밤 비행기를

킹 스파 King Spa
6015 Lalawigan ng Cebu, Lapu-Lapu, Maribago, PH 2
막탄 세부 국제공항에서 차로 약 30분
+63 0956 291 3010

타기 전에 마사지를 받은 뒤 샤워까지 하고 출발할 수 있어서 마지막 스케줄로 포함시켜도 좋다. 신속항원검사 후 결과지 프린트 서비스도 제공한다.

아얄라몰

집에 돌아가기 전 기념품을 한가득 사갈 수 있는 고급스러운 쇼핑몰이다. 나는 보통 아얄라몰 1층의 메트로마켓을 자주 이용한다. 이곳에서 부엉이 바나나칩과 코코넛칩, 그리고 젤리뽀 같은 기념품을 저렴하게 구매할 수 있다. 바나나칩은 특히 인기 있는 제품이고, 망고와 리치 젤리뽀는 살짝 얼려 먹으면 더 맛있다. 건망고에 초콜렛 코팅이 되어 있는 간식도 절대 실패 없는 추천 제품이다.

TIP
함께하면 좋은 일정 추천 — 보홀

보홀은 세부에서 배를 타고 2시간 정도 걸린다. 지금은 인천공항에서 제주항공이 운항하지만 그 전에는 직항편이 없어서 보통 마닐라나 세부를 통해 들어가는 곳이었다. 아무래도 시간 소요가 되다 보니 짧은 일정으로는 보홀까지 둘러보기 어렵지만 여유 있는 한 달 살기로 간다면 일주일 정도 머무르며 소도시의 소박한 매력을 느껴보는 것도 좋다. 관광객이 많지 않은 곳이라 숙소가 조금 애매하다는 게 다소 아쉬운 점인데, 대신 작은 동네라서 금방 현지인처럼 익숙하게 적응해 편안한 힐링을 즐길 수 있을 것이다.

[호텔] 트윈 타이트 리조트

시내에서 가까운 위치라 이동이 편리하고, 주변의 다른 호텔에 비해 현대적이고 깔끔해서 만족스러웠던 곳이다. 다만 규모가 작아서인지 조식은 하루 전 날 미리 시간과 메뉴를 정해서 신청해야 하고, 뜨거운 물이 너무 짧게 나와서 아쉬웠다. 사실 소도시로 갈수록 뜨거운 물이 잘 나오지 않는 곳들이 많아서 감안하여 일정을 정하는 것이 좋다.

트윈 타이트 리조트 Twin Tides Resort
Main Road, Lower Tawala, Panglao, Bohol,
Panglao, Bohol
보홀 팡라오 국제공항에서 차로 약 15분
+63 38 502 8085

[투어] 발리카삭 호핑 투어

발리카삭(Balicasag)은 보홀에서 가장 유명한 스쿠버 다이빙의 성지로, 스노쿨링이나 다이빙을 하기 위해서 가는 사람이 많다. 바닷속에 절벽의 지형이 펼쳐져 있어 다양한 해양생물과 산호초를 볼 수 있는 것은 물론이고, 거의 99%의 확률로 거북이를 만날 수 있다는 점도 마음을 설레게 한다. 발리카삭에 가려면 작은 쪽배를 타고 이동해야 해서 조금 번거롭지만, 막상 발리카삭에서 스노쿨링을 하면 물 안쪽에 새로운 세상이 펼쳐진다. 세부의 모알보알에도 거북이가 서식하고 있어서 비슷한 듯하면서도 산호초는 발리카삭이 더 아름다웠다.

[관광] 초콜릿 힐

이곳은 과거에 바다였다가 지대가 융기된 곳인데, 산호로 이루어진 땅이라서 큰 나무들이 자라지 못해 현재의 모습이 되었다고 한다. 올록볼록 언덕이 솟아 있는 모습이 키세스 초콜릿처럼 보인다고 해서 '초콜

릿 힐'이라고 부르는 곳이다. 어느 계절에 가느냐에 따라서 보이는 모습도 다르다는데, 내가 갔을 때는 초록빛이었지만 갈색으로 물드는 가을 무렵에 가면 더 초콜릿 같은 느낌이라고 한다. 마치 호빗의 집처럼 아기자기하게 꾸며져 있어서 동화 속에 들어온 느낌이 든다.

이곳에서 조금 걸어서 들어가면 그램린이라는 일명 안경원숭이를 볼 수 있는 장소도 있다. 보홀에서만 볼 수 있는 희귀종으로 전 세계에서 가장 작은 원숭이라고 한다. 정말 주먹만 한 사이즈에 눈이 얼굴의 3분의 1은 차지할 만큼 커서 동글동글 더 귀엽게 보인다. 나뭇가지와 비슷한 색깔이라 쉽게 찾기 어려운데 잘 살펴보면 코알라나 나무늘보처럼 나뭇가지에 꼭 붙어 눈만 뜨고 있는 모습을 발견할 수 있다.

초콜릿 힐 Chocolate Hills
Q5X8+GW8, Loay Interior Road, Carmen, Bohol
보홀 팡라오 국제공항에서 차로 약 1시간 50분
+63 1800 1 888 7777

[관광] 알로나 비치

알로나 비치(Alona Beach)는 보홀에서 가장 유명한 여행자들의 핫플이지만 솔직히 너무 기대하면 실망할 수도 있는 작은 비치다. 보라카이와 비교하면 10분의 1 정도 사이즈다. 하지만 가만히 들여다보면 그 나름의 친근한 매력이 있다. 보홀에서 조금 길게 머문다면 아마 매일 찾아와서 여유를 즐기는 아지트 같은 장소가 될 것이다. 맥도날드가 있어서 무난하게 식사를 해결할 수도 있고, 비비큐 전문점이 많아서 근처의 현지 음식을 먹어도 충분하다.

알로나 비치 Alona Beach
Panglao, Bohol
보홀 팡라오 국제공항에서 차로 약 15분

[맛집] 쿤스 스틱앤보울

보홀 맛집 중에서 구글 평점도 매우 높은 집인데, 비비큐 종류부터 해산물까지 메뉴가 다양하다. 한쪽에 크랩 수족관이 있는데 직접 크랩을 고를 수도 있고, 살이 통통한 알리망고는 살짝 커리맛이 곁들여진 푸팟퐁커리 느낌으로 너무 맛있었다.

쿤스 스틱앤보울 Kun's Stick&Bowl
Purok 2, Brgy. Tawala, Municipality, Panglao, Bohol
보홀 팡라오 국제공항에서 차로 약 20분,
+63 38 427 3456

동남아 한 달 살기

초판 1쇄 발행 2022년 8월 24일
초판 2쇄 발행 2023년 1월 4일

지은이 · 천시내
펴낸이 · 박영미
펴낸곳 · 포르체

편   집 · 임혜원, 김성아
마케팅 · 손진경, 김채원

출판신고 · 2020년 7월 20일 제2020-000103호
전화 · 02-6083-0128 | 팩스 · 02-6008-0126 | 이메일 · porchetogo@gmail.com
포스트 · m.post.naver.com/porche_book
인스타그램 · www.instagram.com/porche_book

ⓒ천시내(저작권자와 맺은 특약에 따라 검인을 생략합니다.)
ISBN 979-11-91393-92-7 (14980)
ISBN 979-11-91393-91-0 (세트)

- 이 책은 저작권법에 따라 보호받는 저작물이므로 무단전재와 무단복제를 금지하며, 이 책 내용의 전부 또는 일부를 이용하려면 반드시 저작권자와 포르체의 서면 동의를 받아야 합니다.
- 이 책의 국립중앙도서관 출판시도서목록은 서지정보유통지원시스템 홈페이지(http://seoji.nl.go.kr)와 국가자료공동목록시스템(http://www.nl.go.kr/kolisnet)에서 이용하실 수 있습니다.
- 잘못된 책은 구입하신 서점에서 바꿔드립니다.
- 책값은 뒤표지에 있습니다.

여러분의 소중한 원고를 보내주세요.
porchetogo@gmail.com